仙台領に生きる

郷土の偉人傳 IIII

古田　義弘

表紙イラスト:「日本三景・松島」のイメージ（古田義弘作）

目次

第一章　温故知新

第二章　千里の道も一歩から

第一章　温故知新《おんこちしん》

山鉾巡行（仙台青葉まつりのイメージ）

1 亀井 文平（かめい・ぶんぺい）

カメイ㈱・亀井商店創業

亀井 文平

仙台市に本社を置く国内有数の総合商社、カメイ㈱の歴史は、創業の祖・亀井文平（かめい・ぶんぺい）にさかのぼる。一八八三～一九三七年（明治一六～昭和一二）。享年五十五歳。

文平は、生まれ故郷の岩手県江刺郡《えさしぐん》伊手《いで》村（現・奥州市江刺伊手）を出て、一〇代の頃は仙台の商家で奉公しながら商売の修行を積んだ。そして、奉公先を訪れるお客様や取引先との会話の中から、仙台の外港として、塩竈の将来性を感じ取った。一九〇四年（明治三七）、塩竈に亀井商店の〝暖簾〟を揚げ、雑貨店として独立。時に文平二〇歳、これがカメイ創業の第一歩となる。

創業当時の取扱い商品は、砂糖・洋粉《ようふん》（小麦粉）、食用油、石鹸《せっけん》、髪油、灯油

▼奉公（ほうこう）
他家に住み込み、家事・家業などに従事すること。「年季奉公」。従事するひとは「奉公人」と呼ばれた。

▼外港（がいこう）
地理的理由などで港をもたないか、港があっても機能が不十分な都市の近くの海岸部または川沿いにあり、その都市の港湾機能を果たす港湾・港湾都市や港町のこと。

▼暖簾（のれん）
一般に部屋の仕切りに垂らして用いる布。店の格式や信用。老舗（しにせ）として長年の営業から生ずる無形の経済的利益。

▼髪油（かみあぶら）
頭髪につけて色艶を良くし、髪形を整える油。びんづけあぶら。

▼蝋燭（ろうそく）

撚糸（よりいと）・紙縒（こより）を芯（しん）として、その周りを蝋あるいはパラフィンで固めて円柱状にし、灯火用としたもの。

▼天秤棒（てんびんぼう）

長い棒の両端に荷物をかけて、中央を肩に当ててバランスを取りながら運ぶための道具。天秤のように見えることからこう呼ばれる。

亀井　運蔵

塩竈町時代の門前本店
（創業当時）

など、あらゆる雑貨を扱った。当時はまだ、電灯の普及が始まったばかりで、電力の供給も不安定な時代であった。そこで、蝋燭の製造・販売も手掛けるようになると、客からは大いに喜ばれたという。

間もなく妻ヤスと結婚した文平は、天秤棒を担ぎ、荷車を引いて外回りをし、ヤスは帳簿の記録や店番と、夫婦二人三脚で商《あきな》いに励んだ。

文平の商いに対する一途《いちず》な姿勢や商才、応対の巧みさが評判となり、店は次第に繁盛していった。商売が軌道に乗り出すと、夫婦だけでは人手不足となり、父四郎治夫妻と妹を故郷から呼び寄せ、親戚や知人を介して職を求めてくる子弟を従業員して雇《やと》い入れた。こうしてさらに商売の規模を広げていった。

文平（初代社長）の後、二代社長の亀井運蔵、三代社長亀井文蔵、四代社長亀井昭伍、そして現社長・亀井文行（平成十五年六月〜）に至っている。

国内外のネットワークの充実とグループでの総合力の強化により、総合商社として更なる飛躍的進化が期待される（カメイ㈱「110年の歩み」カメイ創業110周年記念事業実行委員会編　参照）。

二代運蔵社長、就任半年で招集

一九三七年（昭和十二）七月の盧溝橋事件に端を発し、日中は全面戦争に突入した。大規模な兵隊の動員が行なわれ、社長就任わずか半年後に二代運蔵社長（一九〇一〈明治三四〉～一九八〇〈昭和五五〉、享年八〇歳）は召集され、陸軍歩兵少尉として中国に駐留する。昭和一三年末に招集解除されるまで、隊長として警備や宣撫など軍務に就いていた。この間、中尉に進級している。

この社長不在の間、経営の陣頭に立ったのは、初代文平夫人・ヤスであった。それまでも文平の片腕として商品の仕入価格・商品相場の動き、取引条件などから、給料その他の諸支払いに至るまで、亀井商店の事務全般を取り仕切っていた。また、親代わりとして二十名を超える従業員の面倒を見てきた。

このヤスだからこそ、運蔵不在の亀井商店を支えることが出来たのである。晩年は必ずしも健康ではなく、持病の喘息と闘いながら運蔵社長出征時には病《やまい》をおして上京し、福島県小名浜地区（現いわき市）の石油販売契約につい

▼盧溝橋事件（ろこうきょうじけん）
一九三七年（昭和一二）七月七日夜から八日早朝にかけて、中国の北京西南にある永定河に架かる盧溝橋一帯で発生し、日中戦争のきっかけになった軍事衝突事件。

▼少尉（しょうい）
将校の階級の一つ。中尉の下で、将校の最下位。

▼宣撫（せんぶ）
上意を伝えて民を安ずること。

▼喘息（ぜんそく）
発作的な呼吸困難を起こす疾患。

▼小名浜（おなはま）
福島県浜通りの太平洋に面した港湾都市。いわき市の一部。江戸時代は漁港として繁栄し、幕末からは石炭の積出港として発展、日本の近代化を支えた。第二次大戦後は工業化が進展し、昭和四一年一〇月の五市四町五村の広域合併によって発足したいわき市は、面積で全国第一位（当時）、人口では仙台市に次いで東北第二位の中核市となった。

▼**発作（ほっさ）**
病気の症状が急激に発し、比較的短い時間に去ること。
▼**内助の功（ないじょのこう）**
夫が外でしっかりと働けるのは、家を守る妻の働きがあるということ。
▼**謹厳（きんげん）**
慎み深くて厳格なこと。
▼**果断（かだん）**
思い切ってするさま。
▼**大所高所（たいしょこうしょ）**
個々のことや小さなことにこだわらず、大きな視野で物事を捉え、判断すること。
▼**敬慕（けいぼ）**
敬い、慕うこと。

カメイ本社（仙台市青葉区国分町３丁目）
（写真・筆者）

て、日本石油㈱との交渉に当たった。

この交渉は不調に終わったが、この無理がたたってか、昭和一三年二月の交渉の帰途、ヤス夫人は自動車内で心臓発作を起こし、四九年の生涯を閉じた。

戦地の運蔵社長に代わって経営の陣頭指揮を執ったヤス夫人。創業から三十年の長きにわたり蓄積された深い知と情熱と行動力は、「内助の功」を遥かに超えて尊いものであったと言えよう。

さて、運蔵その人物像は「謹厳で誠実。飾らず偉《えら》ぶらず、常に信用を重んじて果断積極性を以って事業を拡大し時代を生き抜いた――」であろう。生前交友の深かった各界の人々が寄せた運蔵社長の姿であった。

深い洞察力と先見性、大所高所から考えて生まれ出てくる独特の指導力、謹厳な姿勢の中に、細かな心配りとユーモアを持ち合わせ、誰からも敬慕される人柄であったようだ。

▼大船渡（おおふなと）
岩手県南東部、三陸海岸の大船渡湾に臨む港湾都市。漁業の他、セメント・水産加工などの産業も盛ん。令和四年六月の人口は三万三八六〇人。

亀井　文蔵

一部上場披露パーティーでの文蔵氏（「110年の歩み」より）

三代文蔵社長　グループ企業の拡大

三代亀井文蔵（かめい・ぶんぞう）（一九二四〜二〇一一〈大正一三〜平成二三〉、享年八八歳）は、宮城県塩竈町（現・塩竈市）で運蔵・タマ夫妻の長男として生まれた。一九四七年（昭和二二）に東北帝国大学工学部化学工学科（現・東北大学）を卒業し、東亜燃料工業㈱（現東燃ゼネラル石油）において技術研究員を経て、一九五二年（昭和二七）、㈱亀井商店に入社した。

戦後の混乱期の中、不可能と言われた外貨割当を昭和二九年に獲得し、岩手県の大船渡油槽所《ゆそうじょ》に重油の直輸入を開始。三陸沿岸の市場開拓により事業規模拡大の基礎を築いた。その後、日本経済の成長に合わせ、グループ企業の拡大を図り、仙台トヨペット㈱、仙台コカ・コーラボトリング㈱、㈱宮城テレビ放送などを設立、その発展に力を注いだ。

昭和六〇年、CIの導入によりカメイ㈱に社名を変更。翌年には東京証券取引所に上場（現在一部）を果たした。一九八一年（昭和五六）、学生・留学生に対

▼**藍綬褒章（らんじゅほうしょう）**
褒章の一つ。教育・衛生・殖産開発などに関し、公衆の利益を興し成績著名な者、または公司の事勢に勤勉し、労効顕著な者に授与される。

▼**旭日中綬章（きょくじつちゅうじゅしょう）**
国家または公共に対して顕著な功績を挙げた者に授与される勲章。六段階ある。

▼**深沈（しんちん）**
落ち着いていて物事に動じないこと。沈着。

大船渡油槽所（「110年の歩み」より）

する支援を目的とした亀井記念財団を設立（理事長）、また宮城県公安委員長、仙台駐在ニュージーランド名誉領事、宮城県サッカー協会会長など多方面で要職を歴任した。

これらの功績により、「藍綬褒章」「勲三等旭日中綬章」「仙台市特別市政功労者章」を受章。宮城県塩竈市から初の名誉市民の栄誉賞を授かった。

さて、文蔵、その人物像――。それは文蔵と生前親交の深かった各界の人々の多くが、文蔵の人となりにこの言葉を重ねる。それは「深沈厚重」である。

文蔵は普段から寡黙であったが、その鋭い洞察は、〝黙っているがすべてお見通し〟であり、いざという時に発するその言葉は、深い思慮にたって静かに、しかし毅然として聞く者の心底に迫る重みがあった。

同時に、慈愛に満ちた風貌《ふうぼう》を持ち、その風格、親しみ、彼を慕って周囲には多くの人々が惹《ひ》きつけられていた。あらゆる人を受け入れる度量を備え、包容力あふれる人格者であった。（文中・敬称略）

四代昭伍社長から五代文行社長に

四代亀井昭伍（かめい・しょうご）社長は、一九三六年（昭和五）、宮城県塩竈町で、運蔵・タマ夫妻の二男として生まれた。

昭伍社長は、一九六一年（昭和三六）に取締役に就任以来、三十年以上にわたって運蔵社長、文蔵社長と二代の社長を補佐し、一九九三年（平成五）に代表取締役社長に就任した。バブル経済が破綻した後は、日本が長い低成長下にあって困難な時代の舵取り役となった。昭伍社長は、創業１００周年に向けた社内活性化プログラム「エキサイト１００」を強力に推進し、機能改革を継続して実施した。

また、海外事業や仙台コカ・コーラボトリング㈱、カメイオート北海道㈱等関連企業の設立当初から深く経営に関与し、グループ全体の経営基盤の強化に尽力した。東北日米協会会長、公益財団オイスカ宮城県支部会長などの要職も務めている。

▼バブル経済（けいざい）
一九八六年（昭和六一）から一九九〇年（同六五）頃にかけての日本は、地価や株価などの資産価値が急激に上昇し、世間は空前の好景気に沸いた。これが、泡が膨らむ様子に似ていることから「バブル」と呼ばれた。バブル景気ともいう。

▼破綻（はたん）
破れ、ほころびること。

亀井　昭伍

仙台トヨペット㈱
（「110 年の歩み」より）

▼リテール
英語の「retail」は、個人客や中小企業向けの小口取引を指す。「小売」。「卸売」の「ホールセール（wholesale）」と対を成す言葉。

亀井　文行

初代文平氏が大正13年に建てた旧亀井邸（塩竈市宮町）（写真・筆者）

二〇〇三年（平成一五）六月二十七日、定期株主総会が開かれた後の取締役会において、文行が代表取締役社長に就任し、昭伍は会長に、文蔵は名誉会長に就いた。

文行社長（一九六一年〈昭和三七〉～）は、これまでの一〇〇年間で築き上げてきたネットワークを活かし、特にリテール分野を中心に強みを発揮すべく、現在は重要課題として四点を掲げ、これらの早期実現によってより強い企業体質に「ニューカメイ」を創り上げることを宣言。カメイのネクスト１００へ向けて、新しい体制での歩みが始まった。

明治三七年にスタートしたカメイ㈱は、間もなく創業一二〇周年を迎える。一九三四年（昭和九）に塩竈市字無番地（現・港町）に社屋を新築、その後本社を仙台市に移転し、地域社会の発展に鋭意努力している姿は、地域住民としてこの上ない喜びであり、誇りでもあると感じるのは、私だけではないであろう。郷土の偉人として長く記憶に残したい。（文中敬称略）

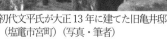

2　工藤平助（くどう・へいすけ）

ロシアの南下を警告

工藤　平助（イメージ）

仙台藩の思想家で仙台藩医の工藤平助（くどう・へいすけ）（一七三四〈享保《きょうほ》一九〉～一八〇一年〈寛政《かんせい》一二〉）は、一七八一年（天明《てんめい》元）にロシアの南下に警鐘を鳴らした人物である。和歌山藩医・長井常安の三男、長井長三郎として生まれた。十三歳の時に仙台藩医・工藤丈庵の養子となる。工藤家は代々、京都の半井《なからい》家を師とする医者の家であったが、丈庵は豊後国杵築藩・松平氏に仕えていた。父の死後、京都で修行の後、江戸で開業。一七四六年（延享《えんきょう》三）に仙台藩医として採用された。このように医者が藩という枠《わく》を超えて移動する事例は、それほど珍しいことではなかったようである。

十八世紀中期以降、国内では北方との関係が大きな問題となってきた。当時、日本と海外との接点は、オランダや中国との窓口である長崎（長崎市）、朝鮮と

一七九八年（寛政十）頃の蝦夷地の略図（『仙台市史』近世3）より）

▼**豊後（ぶんご）**
旧国名。今の大分県が大部分を占める。豊後国（ぶんごのくに）。

▼**杵築藩（きつきはん）**
豊後国杵築（現・大分県杵築市）にあった譜代小藩。

の窓口である対馬（長崎県対馬市）、琉球（沖縄県）との窓口である薩摩《さつま》（鹿児島県）、そしてアイヌとの関係の窓口となっていた松前（北海道松前郡）の四ヵ所に限られていた。

これに対して仙台藩は、江戸時代初期に伊達政宗が支倉常長をヨーロッパに派遣した慶長遣欧使節によって外国と直接的なつながりを持とうとしたが、幕府のキリスト教禁止令（キリシタン禁制・禁令ともいう）や鎖国政策によってその可能性を絶たれた。

こうした日本国内の動きに対して、ロシアは十七世紀後半から十八世紀前期にかけて領土の拡張と、主要な交易品《こうえきひん》である毛皮の獲得を目指して、北部太平洋や中国・日本方面に探検隊を出す。こうしたロシアの動きは、北方のロシア人が日本侵略を計画しているというオランダ商館長宛の手紙などから日本側にも伝わり、江戸幕府の首脳や蘭学者など知識人たちに〝北方の脅威《きょうい》〟を印象付けることになった。仙台藩の工藤平助や林子平らが北方問題に関心を持ったのも、このことが大きなきっかけであった。

▼対馬（つしま）
旧国名。九州と朝鮮半島との間の対馬海峡に浮かぶ島。主島は上島と下島。今は長崎県の一部。

▼琉球（りゅうきゅう）
沖縄（琉球諸島地域）の別称。十五世紀に統一王朝が成立、日本・中国に両属の形をとり、十七世紀初頭島津氏に征服された。明治維新後琉球を置き、一八七九年（明治十二）沖縄県となる。

▼松前（まつまえ）
北海道渡島（おしま）半島の南西部に位置する郡名。松前氏の旧城下町松前（旧称・福山）を中心とする。

▼支倉常長（はせくら・つねなが）
（一五七一～一六二二）
江戸初期の仙台藩士。通称・六右衛門。一六一三年（慶長一八）、伊達政宗の正使としてイスパニア（スペイン）やローマに赴き、通商貿易を開くことを求めたが、目的を果たせず、一六二〇年（元和六）に帰国。

▼慶長遣欧使節（けいちょうけんおうしせつ）
慶長・元和年間に仙台藩主伊達政宗が支倉常長を正使としてローマ教皇のもとに派遣した使節団。

『赤蝦夷風説考《あかえぞふうせつこう》』執筆

仙台藩に関する国際的な出来事としては、一七九三年（寛政《かんせい》五）十一月に石巻湊（宮城県石巻市）から江戸に向けて航行中の若宮丸《わかみやまる》が海上で漂流した事件がある。この船は仙台藩の収入源だった米や材木を積み込んだ千石船《せんごくぶね》で、米千三百俵を積んだまま福島の塩屋崎《しおやざき》沖で航行不能となり、五ヵ月半の漂流の後、アリューシャン列島の小島に漂着した。乗組員十六人は、途中で亡くなったり、現地に残る決断をしたりし、最後に残った津太夫《つだゆう》ら四人だけが十一年の時を経て、一八〇四年（文化《ぶんか》元）九月、ロシア船ナジェージダ号によって長崎に帰国を果たした。四人は、幕府や仙台藩の尋問《じんもん》を受け、大槻玄沢が彼らからの聞き取りをもとにまとめたのが『環海異聞』である。

その後、一八〇六年（文化《ぶんか》三）から翌年にかけて、ロシア船は武力を背景に日本に通商を迫り、樺太（カラフト）のクシュンコタン、択捉島の紗那（シャナ）を襲撃《しゅうげき》した。これに対して幕府は、仙台藩などに出兵を命じ、蝦夷地《えぞち》警備を強化した。

▼キリスト教禁止令
宗教、特にキリシタンの信仰を禁ずる命令。

▼鎖国（さこく）
国が外国との通商・交易を禁止あるいは極端に制限すること。

▼蘭学者（らんがくしゃ）
江戸中期以降、オランダ語の書物を通じて西洋の学術・文化を研究した学者。その学問を蘭学（らんがく）と呼ぶ。

▼林子平（はやし・しへい）（一七三八～九三）
江戸中期の経世家。江戸の人。仙台に移住し、長崎に遊学。海外の事情に注目し、海防に力を注いだ。『三国通覧図説』『海国兵談』などを著して世人を覚醒しようとしたが、幕府の忌諱（きい）に見舞われて蟄居（ちっきょ）処分となった。

（林子平（「仙台市史」3より））

このように仙台藩は、十八世紀半《なか》ば以降、北方問題にも大きく関わっていた。そうした状況の中、工藤平助・林子平《はやししへい》といった仙台藩と関係の深い経世家《けいせいか》が、対外関係や藩政改革に関する著作をまとめ、発言を行なったのである。そのうち、工藤平助が著《あらわ》したのが、日本初となるロシアに関する研究書『赤蝦夷風説考《あかえぞふうせつこう》』で、北方防備の重要性を説いた内容となっている。なお、赤蝦夷とは、カムチャツカのことである。

工藤平助は、蘭学《らんがく》については自らオランダ語を習得した訳ではなかったが、前野良沢・大槻玄沢《おおつきげんたく》・桂川甫周《かつらがわほしゅう》・中川淳庵《なかがわじゅんあん》などの蘭学者《らんがくしゃ》、さらにはオランダ語通詞の吉雄耕牛《よしおこうぎゅう》（のちに幸左衛門《こうざえもん》）などとの積極的な交流により、多くの情報を得ていた。平助は医学に関する著作として『救瘟袖暦《きゅうおんそでごよみ》』などもあり、当時流行していた病気について、臨床医《りんしょうい》として分析・考察も行なっている。彼はまた、医術以外にも多彩な才能を持っていた。篆刻・機械製造・発明・料理などもたくさんこなし、さらには江戸で頻発《ひんぱつ》していた金銭問題の訴訟《そしょう》においても、有能な弁護士として活躍した。

▼大槻玄沢（おおつき・げんたく）（一七五八～一八二七）
江戸後期の蘭学者・蘭医。仙台藩医。江戸に出て杉田玄白、前野良沢に医学・蘭学を学び、長崎に遊学。江戸に蘭学塾「芝蘭堂」（しらんどう）を設立。著『蘭学階梯』『重訂解体新書』など。

▼環海異聞（かんかいいぶん）
ロシアの社会や風俗等を絵入りで紹介するほか、長崎における日露間のやり取りについても記している。一八〇七年（文化四）年に成立。全十六巻。

▼択捉島（えとろふとう）
千島列島の中の最大の島。国後（くなしり）島を隔てて北海道に対する。江戸前期から知られ、一八五五年（安政元）十二月、日露和親条約で正式に日本領となる。第二次大戦後、国後・色丹・歯舞群島と共にその領有問題でロシアと係争中。いわゆる北方領土問題。

▼カムチャツカ
ロシアの北東部、北西太平洋に突き出した半島部を指す。面積は二十七万平方キロメートル、長さ一二五〇キロメートル。

▼前野良沢（まえの・りょうたく）
（一七二三～一八〇三）
江戸中期の蘭学者・蘭方医。一七六九年（明和六）に青木昆陽（あおき・こんよう）からオランダ語を学ぶ。翌年に長崎遊学。杉田玄白らと死刑囚の腑分け（ふわけ・解剖のこと）を実施。『解体新書』の刊行をみたが、自己の名の掲載を断る。

▼通詞（つうじ）
通訳。特に江戸時代に長崎で通訳や貿易事務に携わった幕府の役人。

▼篆刻（てんこく）
木・石などに印を彫ること。その文字に多くは篆書（てんしょ）を用いることからこう呼ぶ。

『赤蝦夷風説考』（『仙台市史』3より）

ロシア南下に警鐘を鳴らし続けた仙台藩の先学

こうしたロシアの南下の動きに備え、平助は蝦夷地《えぞち》（北海道）の開発を進め、早急に行なわなければ、ロシアが蝦夷地の住民を手なずけて自国領だと主張しかねない。そうなってしまうと、日本の蝦夷地支配が困難になってしまうだろう、という理由からであった。日本の蝦夷地支配を確固たるものとする具体策として、一七八五年（天明《てんめい》五）、探検家の最上徳内らを蝦夷地の調査に派遣する計画を立てたが、田沼意次《たぬまおきつぐ》の失脚《しっきゃく》によって中止となってしまう。ところが、工藤平助と交友があり、長崎に遊学していた林子平は、くしくも同じ天明《てんめい》五年、『三国通覧図説』（三国とは朝鮮・琉球・蝦夷地）を著《あらわ》して、ロシアが蝦夷地を狙っていることに警戒が必要であることを唱え、「蝦夷地の住民を日本人として教化し、蝦夷地・樺太南部までを日本の国土とすべきである」と提言した。

さらに、『海国兵談』によって、欧州諸国や清国からの来襲《らいしゅう》に備えて、江戸及び沿岸の防備のために大砲等の備えを充実させることが急がれると訴えた。

しかしながら、こうした訴えは、逆に「世情を騒《さわ》がせた」として罪に問われ、林子平の著作は発売禁止になり、子平自身も謹慎処分となった。

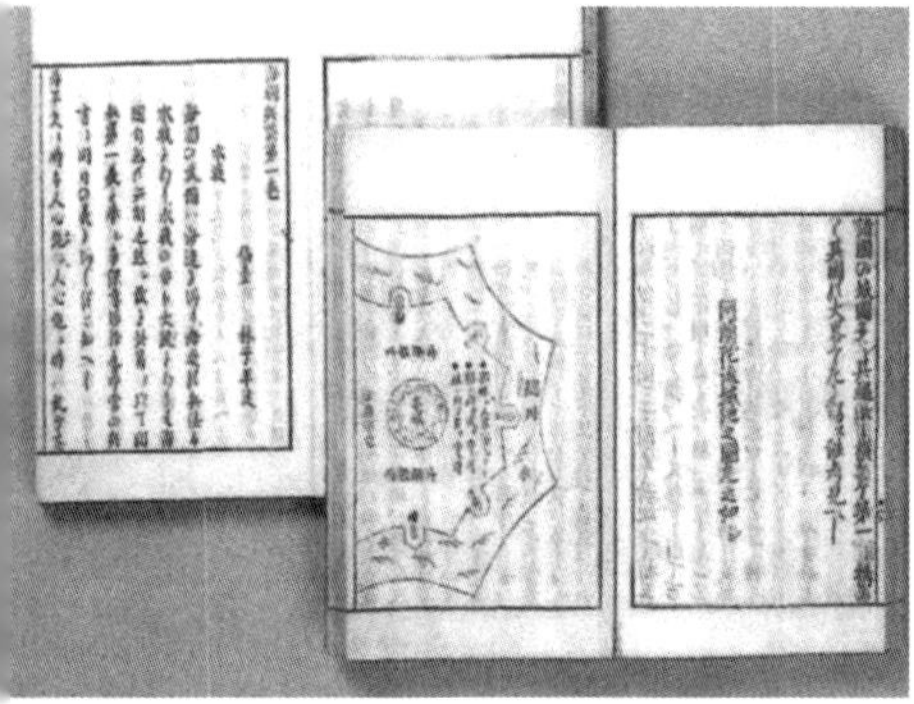

『海国兵談』（上）と1855年（安政2）の蝦夷地警備の割り当て（右）（共に「仙台市史」近世3より）

蝦夷地警固の重要性を提言

不凍港を求めるロシアの南下政策は、十七世紀末のコサック隊によるカムチャツカ征服、十八世紀の千島列島上陸と、着実に推《お》し進められた。ペリー来航（一八五三年〈嘉永《かえい》六〉）に先立つこと七十五年前、ロシアは鎖国状態にあった日本に開国を求めたが、江戸幕府はこれを拒否。一七九二年（寛政《かんせい》四）、ロシアの遣日使節アダム・ラクスマンは、その年の十年前に樺太に漂着した大黒屋光《だいこくやこう》太夫《だゆう》らを根室に送還し、通商を求めた。一八〇四年（文化《ぶんか》元）、遣日大使レザノフは、石巻の若宮丸漂流民を長崎に送還、再度通商を求めるも幕府は再度拒むのである。相次ぐこうした使節の来航を受けて、幕府は択捉島《えとろふとう》に「大日本恵登呂府島」の標柱を立て、得撫島にも標柱を立てるなどして日本の領土であることを宣言している。このように、ロシアからの使節が日本に次々と来航した背景には、十八世紀には太平洋の北西部に位置する千島列島や樺太を巡って、日本とロシアが領土の争奪戦に入っていたことが挙げられる。

　こうした世界情勢の中で、日本屈指の思想家を輩出《はいしゅつ》した仙台藩と、工藤平助、林子平らの提言は、歴史に残る偉業として忘れてはならないだろう。

3 河村 瑞賢（かわむら・ずいけん）

東廻《ひがしまわ》り海運の基礎築く

河村 瑞賢（イメージ）

河村瑞賢（かわむら・ずいけん）は、一六一八年（元和《げんな》四）、伊勢国東宮《いせのくにとうぐう》村（現・三重県度会《わたらい》郡南伊勢町）の農家に生まれた。十三歳の時、江戸に出た瑞賢は、建設用の石や木材を運ぶ車引きの仕事に就《つ》いた。仕事の傍《かたわ》ら、沼地《ぬまち》を埋《う》め立てたり、堀割《ほりわり》を掘ったり、石垣《いしがき》を組んだりして新しい町や屋敷が出来ていく工事の様子を、いつも興味深く見ていた。

二十歳を過ぎた頃、工事をしていた役人から、人足が集まらず工事が遅《おく》れがちで困っているので、人足頭をやってみないかと誘《さそ》いを受けた。思いがけない頼みに瑞賢は、それまで様々な仕事のやり方を見て来て、人足をやる気にさせる方法や仕事の段取りが大切であることに気付いていた。それを生かせる絶好の機会であった。

東回り航路の開拓のイメージ

▼車引き（くるまひき）
車曳き。車に人や荷物をのせ、運搬することを生業（なりわい）とする人。車夫（車夫）、車屋。

▼人足（にんそく）
主に土木工事などで力仕事をする人。肉体労働者。

▼人足頭（にんそくかしら）
人足の中で責任のある立場の人。監督。

役人の誘いを受けた瑞賢は、それまで考えていたやり方を早速試してみることにした。すると、面白いように工事は予定通りはかどったばかりでなく、人足たちも進んで仕事に取り組むようになったのである。この出来事をきっかけに、瑞賢はその後も仕事を頼まれるようになった。そして、その度にうまく仕事をやり遂げるので、周囲から一目置かれる存在になっていった。やがて、瑞賢は資金を貯《た》め、江戸市中で材木商を営むようになった。例えば、火事が多い江戸では、大火の度《たび》に復興のための大量の木材や人手が必要となる。瑞賢の頭の中は、これからの時代、何が必要になるのか、常に考えるようになっていた。

そうした折、一六五七年（明暦《めいれき》三）一月十八日から二十日に起きた明暦の大火は、死者十万人とも言われ、江戸期の大火では最大の被害を出した。この大火は、少女の恋が原因とされる説があり、「振袖火事」とも呼ばれる。瑞賢の動きは素早かった。材木の需要が高まり、不足するだろうと読み、いち早く木曽（現在の長野県）に出向いて木材の買い付けを行なった。こうした時代を読んで素早い動きをする瑞賢の商才は如何《いかん》なく発揮され、やがて江戸有数の材木商に成長する。また、難《むずか》しい土木工事があると仕事を依頼されるようになり、建設業者としての

▼大火（たいか）
「火事とけんかは江戸の華」と言われるほど、江戸では火災が多かった。木造家屋が大半であり、照明に裸火を用いる当時の生活スタイルもその原因と考えられる。町人地区では、今の消防にあたる町火消が活躍した。

▼振袖火事（ふりそでかじ）
一六五七年（明暦三）一月十八日から二十日（新暦では三月二日から四日）までに江戸の大半を焼いた大火災。

▼木曽（きそ）
長野県西部に位置し、木曽川流域に広がる地域。隣接する岐阜県や愛知県と歴史的に繋がりが深い。おもな産業は林業で、近年は旧中山道に残る妻籠宿（つまごじゅく）など観光客に人気が高い。

▼石（こく）
主に穀物を量るのに用いる単位。

▼奥州米（おうしゅうまい）
東北地方で収穫された米。特に藩政時代は仙台藩が江戸の米の三分の一をまかなっていたと言われる。

▼**難破（なんぱ）**
航海中に船舶が暴風雨などに遭い、船体が破損して航行不能になったり、沈没したりすること。

▼**房総半島（ぼうそうはんとう）**
千葉県の南半分（安房・上総）を構成する半島部。東と南は太平洋に面し（外房）、西は東京湾（内房）に面する。対岸は三浦半島がある。

▼**食味（しょくみ）**
食べ物の味。食べた時の味わい。

▼**荒浜（あらはま）**
宮城県南部、亘理町の阿武隈川河口にある漁港。江戸時代には福島・米沢から江戸に運ばれる米の中継地だ

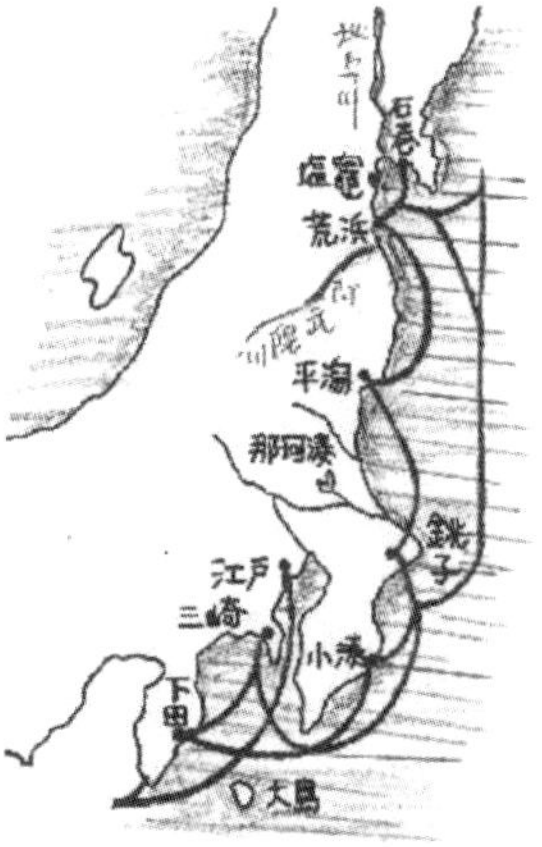

東廻り航路

手腕も発揮するようになる。努力や工夫を重ねて困難にも立ち向かう瑞賢の腕と評判は、うなぎ上りに高くなっていった。

東廻り海運の刷新と発展

やがて、瑞賢に大きな転機が訪れる。幕府からの仕事の依頼であった。その内容は、数万石に上る奥州米を船で江戸まで運ぶというものだった。ただ、そこには大きな問題があった。当時の海運技術では、船が難破することが珍しくなかったのである。特に太平洋を通る東廻り航路は、難所の房総半島沖を通るため、日本海に比べて波が荒く、常に遭難《そうなん》の危険が付きまとった。しかも、遠隔地の奥州から江戸までの輸送には一年近くという長い時間がかかることもあった。これではたとえ無事に米を江戸まで送り届けたとしても、食味が落ちたり、傷んだりして商品価値が落ちてしまう。幕府からの要望は「何とか早く、安全に米を運ぶ方法を考えてくれないか」という難しいものだった。

瑞賢は、難しい要望にもひるまず、難問に立ち向かう。そもそも遭難の原因を突き止めれば、安全に運ぶことが出来るはずだ、と考えたのである。まず、

従来までの海運の方法を詳しく調べることにした。彼の動きは素早かった。使用人に命じて仙台領の荒浜から福島の浜通りを経て、房総半島を回って江戸に向かう太平洋沿岸部の道をすべて図面にするように指示した。

東廻り海運は、日本海沿岸の港を出帆して北上、津軽海峡《つがるかいきょう》を経て太平洋に出て本州の沿岸部に沿って南下。房総半島の銚子からは川船に積み替えて江戸まで運ぶというルートが主流だった。奥州各地からの米などの荷物は、この東廻り航路で江戸まで廻送《かいそう》されていた。

江戸幕府の権力基盤が確定し、大名たちの参勤交代が始まると、各大名は江戸屋敷の台所米とその他の日用品を国元から江戸まで廻送するようになった。江戸への物資の流通機構が未整備だったこともあり、国元からの輸送が必要であったのである。こうした海上輸送に対応して、石巻（仙台藩）や青森（津軽藩）など東廻り海運に直結する諸藩の港湾整備も進んだ。

瑞賢はまず、この東廻り航路の刷新から手をつけた。一六六四年（寛文《かんぶん》四）に米沢藩三十万石が、藩主・上杉綱勝の急死により半分の十五万石（置賜《おいたま》郡、現在の山形県）に減封され、陸奥国信夫《しのぶ》郡と伊達《だて》郡（現在の福島県）が幕府領

ったほか、仙台藩随一の賑わいを誇った石巻と並んで二大港湾として栄えた。

▼浜通り（はまどおり）
福島県を分ける三つの区分（浜通り、中通り、会津）の一つ。

▼出帆（しゅっぱん）
船が港から出ること。目的地に向けて出発すること。

▼銚子（ちょうし）
千葉県の北東部、利根川の河口にある都市。国内有数の水揚げ高を誇る漁港があり、濃い口醤油の産地としても有名。人口は五万九千人。犬吠埼灯台でも知られる。

▼参勤交代（さんきんこうたい）
江戸幕府が諸大名及び交代寄合の旗本に課した義務の一つ。原則隔年交代で石高に応じた人数を率いて出府し、江戸屋敷に居住して将軍の統率下に入る制度。

▼減封（げんぷう）
藩の石高が減らされること。

▼御城米（ごじょうまい）
全国にちらばる幕府の領地（天領）から江戸に運ばれた年貢米（ねんぐまい）のこと。

となった。一六七〇年（寛文十《かんぶん》）冬、幕府は瑞賢に対し、陸奥国信夫郡と伊達郡から幕府へ納められる年貢米（御城米）を江戸まで廻送するよう命じた。瑞賢は現地調査を行ない、江戸廻米計画を幕府に建議した。この建議は幕府の採用するところとなった。その内容は、おおよそ次のようなものであった。

1．廻米船には民間の船を雇《やと》う。この船には幕府の幟を立てる。

2．信夫・伊達両郡の年貢米は、阿武隈川の舟運《しゅううん》で河口の荒浜に運び、海船に積み替えて太平洋沿岸部を南下、房総半島《ぼうそうはんとう》を迂回《うかい》して共に天領だった三崎（神奈川県三浦市）・下田（静岡県下田市）に向かい、西南の風を待って江戸湾に入る。

3．航路の平潟《ひらかた》（茨城県北茨城市）・那珂湊《なかみなと》（同県ひたちなか市）・銚子《ちょうし》（千葉県銚子市）・小湊《こみなと》（同県鴨川《かもがわ》市）などの浦々に番所を設置し、廻米船の運航状況の確認や海難が起きた際の原因調査などを行なわせた。この方法は仙台藩はじめ関係する諸藩も瑞賢に倣《なら》って採用した。

仙台藩の廻船は、水深の問題などもあって、当初は瑞賢が考えた江戸直送には対応できなかった。しばらくは従来の海船と川船を併用《へいよう》した方法を行なっていたが、弁才船の系統を引く天当船と称される大型船が建造されるようになり、次第に瑞賢の開発した方法に切り替えられた。こうした海運事情の変化に伴って、

▼建議（けんぎ）
意見を上申すること。又その意見。

▼幟（のぼり）
昇り旗の略。丈が長く、幅の狭い布を竿に通して標識としたもの。戦陣、祭典、儀式などで用いられる。

▼阿武隈川（あぶくまがわ）
福島県の阿武隈山系から流れ、郡山盆地、福島盆地を経て仙台湾に流れ込む一級河川。

▼下田（しもだ）
伊豆半島南部の下田湾に面した港湾・観光都市。幕府の奉行所、船役所があった。ペリー来航で開港された。

▼弁才船（べざいせん）
江戸初期から使用された代表的な和船の形式。荷船造りの船型をし、大型化した千石船もこの型。

弁財船（千石船）のイメージ

仙台藩の江戸廻米は一層、条件のいい石巻に集中するようにった。

石巻穀船としての特権

仙台藩では松島湾内の寒風沢も重要な湊だった。阿武隈川《あぶくまがわ》河口の荒浜からは、千石船《せんごくぶね》のような大型船ではなく、五大力船という数百石積の中型船で那珂湊《なかみなと》や銚子に向かっていたが、阿武隈川上流の天領からの御城米や米沢藩の米は、伝馬船で一旦荒浜から寒風沢に廻送され、そこで大型船に積み替えられて江戸まで直送するようになった。

仙台藩が行なった江戸廻米の大半は、藩の雇船や手船と呼ばれる藩所有船が担当した。特にメーンの積出港だった石巻から出航する船は〝花形〟であり、敬意を込めて「石巻穀船」と呼ばれた。千石船に代表される大型の石巻穀船は、米のような重い荷物がないと安定しないため、江戸からの帰りには瀬戸物など重量のある商品を積んだ。仙台城下の商人が江戸に注文した荷物も積載されるようになり、こうした下り荷の増加など流通の活発化は、東廻海運の刷新が仙台城下の流通機構に大きな影響を与えたのである。

▼天当船（てんとうぶね）
先のとがった代表的な和船。天道船、伝道船ともいう。

▼寒風沢（さぶさわ）
松島湾に浮かぶ浦戸諸島（桂島・寒風沢島・野々島・朴島など）のうち、寒風沢島は江戸時代には塩竈港の外港として栄えた。

▼五大力船（ごだいりきせん）
主に江戸近辺の海運に用いられた海川両用の廻船。

▼伝馬船（てんません）
荷物などを輸送するはしけ船。はしけ。

▼廻米（かいまい）
江戸時代に諸藩の年貢米を江戸や大坂に輸送したこと。

宮城県亘理町に残る瑞賢堀（昭和初期）

4　坂英力（さか・えいりき）

奥羽越列藩同盟を指揮　仙台藩奉行・坂英力

幕末の仙台藩《せんだいはん》奉行（家老）で、戊辰戦争の責任を取って処刑された坂英力の生涯を、子と孫の二代で綴《つづ》った伝記『坂英力傳』を参考に後世の記憶として伝えたい。

坂英力（さか・えいりき）、本名時秀《ときひで》（英力は通称）、一八三三～一八六九年（天保《てんぽう》四～明治二）。享年《きょうねん》三十七歳。英力の所領地は黄海《きのみ》（現・岩手県一関市藤沢町黄海）。家格は「一族」。仙台に生まれ、十五歳で出仕《しゅっし》。三十四歳で奉行に抜擢《ばってき》される。藩政の軍事・外交を担い、新政府軍と対決する戊辰戦争で奥羽越列藩同盟の作戦の総指揮を執る。一八六八年（慶応《けいおう》四）一月、鳥羽伏見《とばふしみ》の戦に始まった戊辰戦争は、江戸城明け渡しだけでは終わらず、会津・庄内両藩を朝敵とする掃討戦になった。

坂　英力

▼奉行（ぶぎょう）
武家の職名。政務を分掌して一部局を担当する者。

▼家老（かろう）
家中の武士を統率し、家務を総轄した職。一つの藩に数名以上おり、普通は世襲。奉行と同じ。

▼戊辰戦争（ぼしんせんそう）
一八六八年（慶応四～明治元）から翌年まで行なわれた新政府軍と旧幕府側との戦いの総称。長岡藩・会津藩との戦争、箱館戦争などを含む。戊辰の役。

▼一族（いちぞく）
古くから伊達家の有力家臣であったものに与えられた家格。

▼奥羽越列藩同盟（おううえつれっぱんどうめい）
戊辰戦争に際し新政府に抵抗した奥羽及び越後諸藩の軍事同盟。

奥羽諸藩は「天皇による朝廷政権」と「公論衆議」（議会政治）の実現を大義に掲げ、君側の奸である薩摩・長州藩を除くため、「奥羽越列藩同盟」を結成。新政府軍二百十一藩十二万兵に対し、同盟側三十三藩五万兵が白河、磐城《いわき》・浜通り、駒ヶ嶺（仙台藩と中村藩の境、仙台藩）・旗巻《はたまき》（同上）、北越（越後）・長岡、会津、秋田など、今の東北地方に当たる奥羽各地で半年に及ぶ大戦争を繰り広げた。しかし、数で圧倒的に劣《おと》る同盟側の敗戦となり、同盟を主導してきた仙台藩を始め同盟側は「朝敵《ちょうてき》」「国賊《こくぞく》」と呼ばれ、長く苦難の道を歩むことになる。

一八六九年（明治二）五月、戦争責任を問われた仙台藩筆頭奉行の坂英力と但木土佐は、反逆首謀《しゅぼう》の罪で東京の仙台藩麻布下屋敷《あざぶしもやしき》で斬首《ざんしゅ》の刑に処され、坂家は絶家《ぜっけ》となり、家跡財産《かせきざいさん》を没収された。

坂英力の長男・英毅《ひでき》、二男・琢治《たくじ》らによって書かれた『奥羽戊辰事変ノ眞相《しんそう》ヲ闡明《せんめい》セル　坂英力傳』は、A4判の上下巻で計一三三九頁に及ぶ。坂家の系譜と英力の生い立ちに始まり、大政奉還に向かう内外情勢や藩内派閥、戦争、降伏から処刑に至る三十六年の人生をたどる。関係者の証言を集め、独自の幕末史を編《あ》んだ。

一八六八年（慶応四）五月、仙台藩を中心に奥羽二十五藩、次いで越後六藩が参加して盟約。会津藩征討中止などを要求し、連合して薩長軍を討つとした。新政府軍に敗退する中で瓦解した。

▼征討戦（せいとうせん）
服従しない者を攻め討つこと。征伐。

▼君側の奸（くんそくのかん）
君主の側にいる悪い人物。奸は「わるいもの」の意。

▼但木土佐（ただき・とさ）（一八一七～一八六九）
幕末の危機にあって奉行に挙げられて仙台藩の藩政を執行し、軍事を総官した。奥羽越列藩同盟が結成されると、仙台藩と新政府の交戦が始まり、主戦派の重鎮となる。

▼反逆（はんぎゃく）
国家や権威に背（そむ）くこと。謀反（むほん）。

▼大政奉還（たいせいほうかん）
一八六七年（慶応三）、徳川第十五代将軍慶喜（よしのぶ）が、政権を朝廷に返上したこと。

▼官憲（かんけん）
官吏。特に警察官。

軍医となった坂琢治

坂定義医師と報恩文武道場（「医者屋にならず」より）

二男・琢治《たくじ》は苦労して軍医に

坂家が絶家《ぜっけ》となったのは、一八六〇年（万延元《まんえん》）、仙台で生まれた二男・琢治がまだ九歳の時だった。兄は捕らえられて他家預けの身となり、琢治は祖母、義母、妹と大代村《おおしろ》（現・宮城県多賀城市）に移り、この時から坂家は、姓を「阪」と改めた。ようやく百姓家の納屋《なや》を借りて仮の住まいとしたが、藩当局や官憲から反逆首謀者の家族と弾圧され、周囲からも冷ややかな目で見られていた。英力の遺児は、十五歳の時に、男児は坊主か医者になるか、もしくは斬首《ざんしゅ》という達しがあり、琢治は藩医の所に医術研修に入った。だが、そこでは下女の着物を着せられて赤子のおむつ替えや子守をさせられ、屈辱《くつじょく》の日々を送るが、琢治は耐え忍ぶしかなかった。

その後、仙台藩の漢学者・岡千仞の麟経堂《りんけいどう》で学ぶ機会を得て、さらに宮城医学校で苦学の末念願の医者となり上京。東京陸軍病院に入り、軍医への道へと進む。陸軍本部はじめ小倉、対馬、近衛師団と十五年余にわたって軍医を務め、日清戦争（一八九四～九五）に従軍。「戦時衛生論」「軍隊医学論」などの論文を著す。

その間、薩長閥が政・官・軍を専横して私する様をしばしば目にして、琢治は維新新政府の実態に不信感を抱くようになる。折に触れ、上官らに「謀反の子」とののしられて辛酸をなめ、さらに仙台出身というだけで業績を正当に評価されないことが何度かあり、仙台への転勤を機に退官した。

一八九七年（明治三〇）、仙台市東二番丁に「坂医院」を開業するが、すぐに手狭になり、東一番丁に移転。琢治は外科以外の治療も天才的と評判を呼んだ。開業してから数年にして仙台屈指の大病院となる。享年六十五歳。青葉区堤町の日浄寺に眠る。

琢治はかつて野戦病院で片足を失って治療した兵（傷痍軍人）が、門付け（門前に立って金品をもらうこと）する姿を見て、医術だけでは救えないことを悟《さと》り、職業指導や授産所を開くことを決心する。三年後、病院用地を地元百貨店藤崎に譲渡し、五橋の士族屋敷跡地（現在の五橋中学校北側付近）九百坪（約三千平方メートル）を買い求めて移転。病院とともに失業者らの救済事業のた

▼岡千仞（おか・せんじん）（一八三三～一九一四）

幕末の仙台藩士。儒学者。号は鹿門（ろくもん）。母方が芦東山の血を引き、幕末から明治にかけて仙台藩きっての秀才と名を成した。佐幕派（幕府を補佐しようとする集団）が中心だった仙台藩で、勤王の大義に生きようと最後まで徹し抜いた。

▼近衛師団（このえしだん）

皇居の警護および天皇の儀仗兵としての任務を与えられた陸軍の師団。

▼日清戦争（にっしんせんそう）

一八九四～九五年（明治二七～二八）にかけて日本と清国との間で行なわれた戦争。日本は平壌（ピョンヤン）・黄海（こうかい）・旅順（りょじゅん）などで勝利し、翌九五年四月、講和条約を締結した。

▼薩長閥（さっちょうばつ）

薩摩（鹿児島県）や長州（山口県）出身者を中心に、利害を共にする者が団結した排他的集団。

▼専横（せんおう）

わがままで、横暴な振る舞いや態度のこと。

め、仙台市長や勝山酒造の伊澤平蔵、河北新報の一力健治郎ら名士の協力を得て、一九〇〇年（明治三十三）に「宮城授産所」（職業訓練場）を開設し、貧困者や路上生活者らを住まわせて職業訓練を施し、自活の道を開いた。

琢治の妻しまは、二年後、身寄りのない子どものために託児所を作り、これが「宮城養稚園」となって県内初の私立幼稚園となった。

地域医療の礎を築く　坂定義

坂総合病院（塩竈市）の初代院長・坂定義《さかさだよし》（一八六六〜一九三七年〈慶応《けいおう》二〜昭和十二〉）は、戊辰戦争《ぼしんせんそう》で処刑された坂英力の五男として生まれた。恵まれた生活ではなかったが、軍医となった兄の琢治の後を追うように軍医となった。

坂総合病院は、塩釜地区二市三町（塩竈市、多賀城市、利府町、松島町、七ヶ浜町）と仙台市東部を診療圏とし、急性期から在宅までの地域医療を幅広く担う。定義は塩竈で仮診療所を開くなどした後、現在の病院敷地に私立塩釜病院を建設。その際に建てられた「記念之碑」が、現在の病院に残る。住民は親しみを込め、塩釜病院を「坂さん」と呼んだという。また、定義は白馬に乗って往診

▼謀反（むほん）
君主に背いて兵を挙げること。
▼辛酸（しんさん）
つらく苦しいこと。さまざまな苦労。
▼傷痍軍人（しょういぐんじん）
戦争で負傷した軍人。
▼伊澤平蔵（いさわ・へいぞう）（一八三八〜一九一二）
幕末から明治期の実業家、政治家。伊達家御用蔵、現勝山企業の三代目。仙台を代表する資産家となり、多額納税者として貴族院議員を務めた。七十七銀行立て直しのため頭取に迎えられ、県政の発展にも貢献した。
▼一力健治郎（いちりき・けんじろう）
（一八九三〜一九七〇）

日本の実業家。河北新報社創業者（社主）。

初代院長の坂定義

1914年（大正3）に開設された私立塩釜病院本館。この建物は「大正館」と呼ばれた

米国製のフォードで往診する坂定義医師
（「医者屋にならず」（発行・坂総合病院）

したと伝わる。河北新報の平成二年の記事ではこんなエピソードも紹介されている。「貧しい家では往診料を取らず、座布団の下にお金を置いてきたという話を聞く。そして〝医者屋にならず〟という初代院長の言葉を先輩から教えられた」（坂総合病院名誉院長の村口至さん）

定義は、近隣四小学校の校医を務めたが、報酬を学校に寄付したという。これらの小学校では、寄付されたお金でオルガンなどの備品購入に充てられたという。伝染病隔離病舎を設置し、コレラ患者らを引き受けた。一九二九年（昭和四）から四年間は、宮城郡医師会長を務めた。また、塩竈町社会事業協会の設立発起人となり、後に会長も務めた。協会は子ども対象の無料「児童・幼児健康相談」や、貧困女性のための助産事業「出産相扶組合」を実施した。

定義は七十一歳で亡くなったが、琢治の五男・猶興《なおき》が病院を継いだ。猶興は病院名を「坂病院」に変え、財団法人宮城厚生協会を設立。現在は公益財団法人宮城厚生協会となった。坂総合病院をはじめ、四病院七診療所などを運営する県内最大の民間医療法人として発展している。（書籍『医者屋にならず』執筆佐藤和賀子氏参照）

5 鎌田 三之助（かまた・さんのすけ）

品井沼を豊かな土地に

鎌田　三之助

仙台藩領内最大の面積であった品井沼《しないぬま》は、かつては現在の大崎市鹿島台《かしまだい》と宮城郡松島町及び黒川郡大郷町にまたがる広大な湖沼と周辺の湿地帯であった。その品井沼を干拓し、豊かな水田に生まれ変わらせたのが〝わらじ村長〟こと鎌田三之助（かまた・さんのすけ）である。

三之助は、一八六三年（文久《ぶんきゅう》三）、松山郷志田郡木間塚村《まつやまごうしだぐんきまづかむら》（現・大崎市鹿島台）に、大地主だった鎌田家の二男として生まれた。

そのころの村では、ひとたび雨が降り続くと、品井沼の水があふれ、洪水が頻発《ひんぱつ》した。品井沼は複数の小河川が流れ込むのに対し、流れ出すのは鳴瀬川《なるせがわ》につながる水路と元禄期《げんろくき》に出来た潜穴のみで、極めて排水が悪い地形条件だった。

▼干拓（かんたく）
浅海・湖沼などの水を干して陸地にすること。「湿地を干拓して農地にする」。国内では秋田県の八郎潟干拓地が有名。

▼潜穴（せんけつ）
トンネルのこと。

▼茂庭周防（もにわ・すおう）（一六二一～一六六六）
志田郡平渡村（現・大崎市松山）の家格一族。松山領主で禄高一万三千五百石。

▼開拓（かいたく）
山野・荒地を切り開いて耕地や敷地にすること。

▼開削（かいさく）
山野の地層を切り拓いて道路や運河などを通すこと。

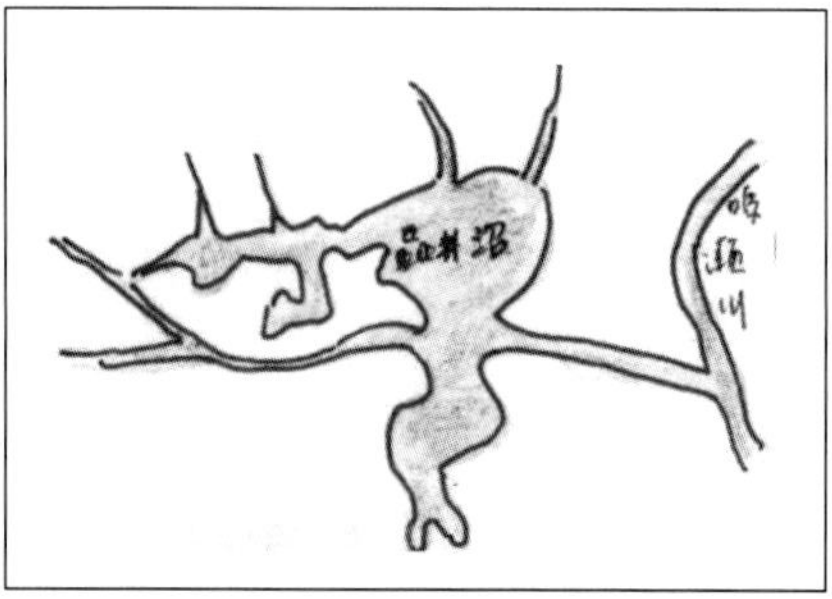

1882年（明治5）の品井沼

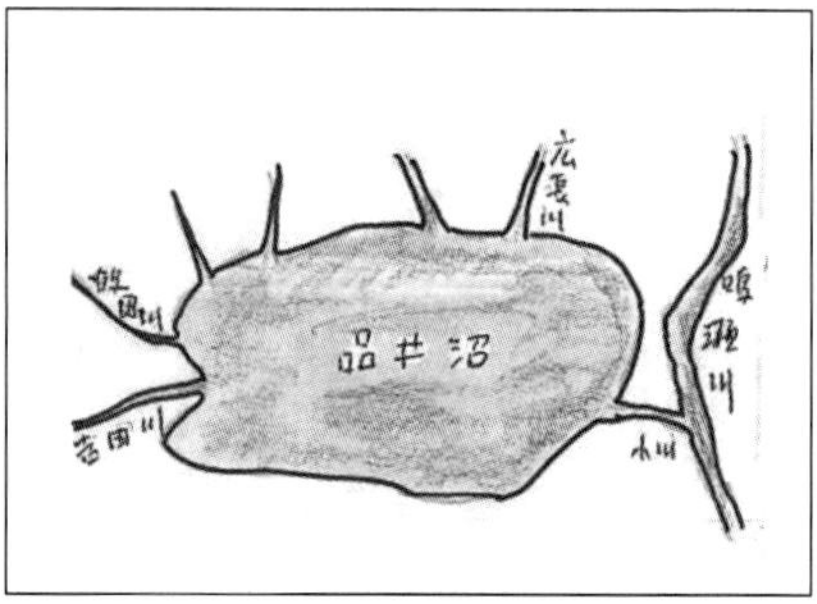

江戸期の品井沼（約300年前）

秋の収穫期には、周囲の水田では黄金色《こがねいろ》に色付いた稲穂《いなほ》の波が続くが、洪水となればせっかく実った稲が水浸《みずびた》しとなり、収穫できなくなることも珍しくなかった。そのため、「三年に一度しか米が収穫できない」といわれるほど、貧しい村になっていた。

品井沼干拓の歴史は、十七世紀半ばまで遡《さかのぼ》る。一六五五年（明暦元《めいれき》）、松山領主の茂庭周防が、約二百五十町歩（約二百五十㌶）を藩の許可を得て干拓したことに始まり、一六九三年（元禄六《げんろく》）から六年間を費やして仙台藩が直営で沼の三分の一、約六百町歩（約六百㌶）を干拓し、新田として開拓した。

干拓とは、まず、堤防を築いて干拓する部分を区切り、その範囲の水を抜かなければならない。そこで計画されたのが、品井沼と松島湾を水路で結んで水を排出するという大工事であった。いわゆる「元禄穴川」の開削である。

工事はまず、潜穴《せんけつ》（隧道）二本、約二・六㌔、平掘りの水路約四・八㌔を掘り、高低差を利用して沼の水を松島湾まで落とした。東北本線の松島駅と品井沼駅（共に松島町）間を通る際、東側の車窓からすり鉢状の竪穴が随所に見ら

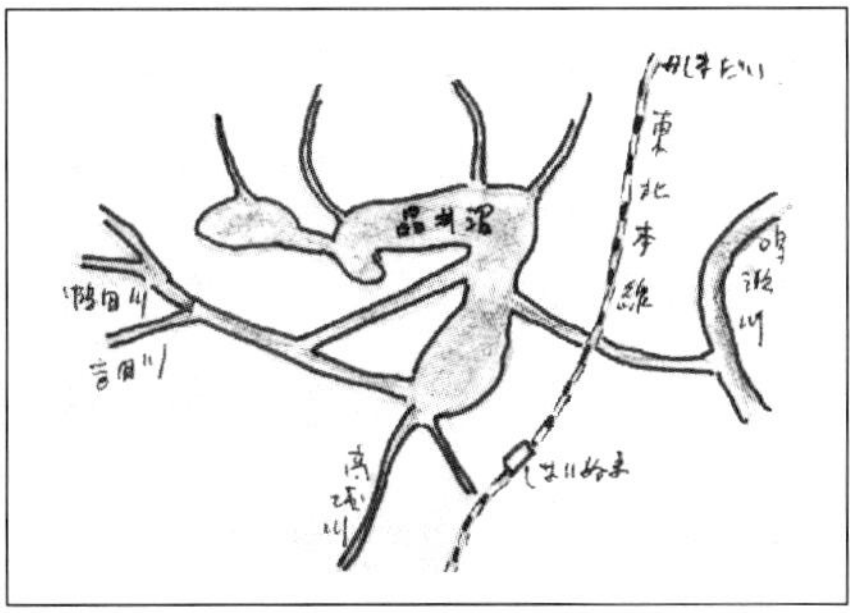

1913年（大正2）の品井沼

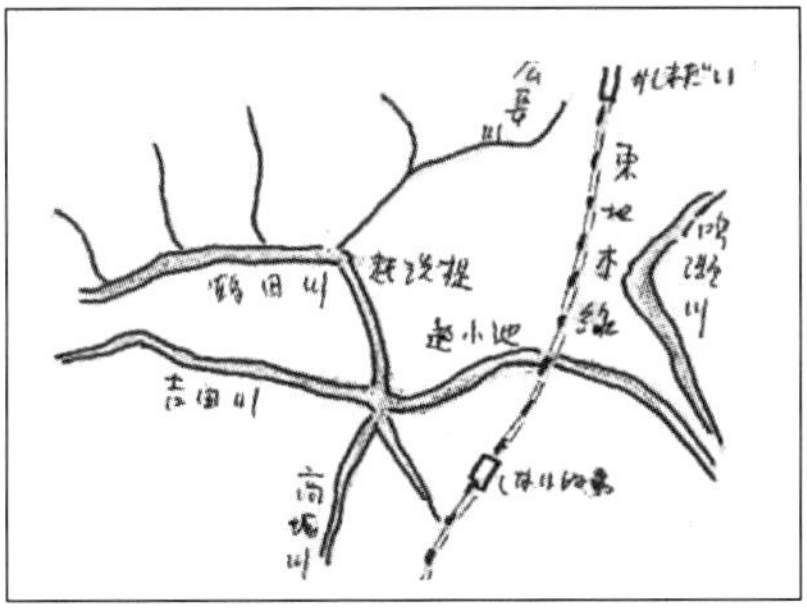

2022年（令和4）の品井沼

れるが、これは潜穴を掘る際に出た土砂《どしゃ》を地上に運び出した「ずり出し穴」である。そこで、三之助の祖父・玄光《げんこう》と父・三治《さんじ》は、水害に苦しむ村の人々を救うために、より強固《きょうこ》な排水路とするための改修に着手した。そんな祖父や父の姿を見て育った三之助は、子どもながら常に品井沼の工事のことを考えていた。

三十九歳で国会議員に

十五歳になった三之助は、軍人を目指して勉強するために東京へ行く。しかし、病気のために軍人となることを諦め、政治家になることにした。品井沼の干拓事業を進めるためには多くの費用と人手が必要となる。そこで、政治家になれば費用や人手を集めやすくなると考えたのである。東京で五年間勉強（明治法律学校、後の明治大学）し、村に戻った三之助は、父を助けて品井沼干拓工事に打ち込んだ。

三之助は、工事に情熱を注ぐと同時に、医療や教育にも力を入れた。その頃、村では天然痘が流行していたが、村には医者がいなかったため、自分で薬を購

▼天然痘（てんねんとう）
痘瘡（とうそう）ウィルスの感染によって起こる感染症。高熱とともに全身に発疹が生じ、やがて化膿（かのう）する。直っても瘡痕（そうこん、あばたのこと）が残るが、種痘によって予防できる。痘瘡（とうそう）、疱瘡（ほうそう）ともいう。天然痘ワクチンの登場により一九八〇年に世界保健機関（ＷＨＯ）によって根絶宣言が発表された。それ以降は世界で発生が確認されていない。

▼県令（けんれい）
一八七一（明治四）～八六（同十九）年の間、太政官制の下で置かれた県の長官。現在の県知事に相当する。

鎌田三之助（イメージ）

入して患者に配ったり、栃木県からわざわざ医者を呼び寄せて医院を開かせたりしていた。

また、村の青年たちに勉強を教えることにも時間を費やした。こうして、三之助は多くの村人から信頼されるようになっていった。その後、志田郡議会議員や宮城県議会議員を経て、一九〇二年（明治三十五）には、三十九歳の若さで衆議院議員に当選した。国会議員として、三之助が東京で仕事をしている間にも、品井沼の干拓工事は続けられていた。

干拓反対の村人を説得

四十三歳になった三之助は、村人と共にメキシコに渡り、移民事業に取り組み始めた。その矢先に、はるばる太平洋の向こうから県令から電報が届く。郷里で起きている思いがけない事態の知らせであった。「品井沼での干拓工事を巡って、賛成する村人と反対する村人が対立している。早く村に戻って、反対派の村人を説得して欲しい」という内容だった。

草鞋を履いて家々を回る三之助（イメージ）

▼草鞋（わらじ）
わらを足の形に編んで作る草履（ぞうり）状の履き物。

▼松島（まつしま）
鹿島台の南に位置し、日本三景の一つに数えられる国内有数の観光地。海岸地区には大型の観光ホテルが建ち並ぶ。旧品井沼を含む北部は農村地域、南部は観光地と住宅地が広がる。北部には東北本線の品井沼駅がある。

▼位牌（いはい）
死者の没年月や戒名（かいみょう）や法名（ほうみょう）などを書いて仏壇にまつる木製の縦長の碑。死者供養の標識とされるもの。

それからの三之助は、迷いが消え、精力的に動き出した。反対していた村人の家を一軒一軒訪ね、説得して回った。しかし、長い間、品井沼の洪水をどうすることも出来ずにいた村人らの心は頑《かたく》なだった。三之助の話に耳を傾ける者は誰でもいなかった。「品井沼の水を抜くなんて、到底無理な話だ」「荒れ狂う自然の力を、人の手で防ごうなんてばかげている」「そんな工事なんて、出来やしない」…。断られても断られても、三之助は諦めなかった。雨の日も雪の日も、三之助は家々を回り、説得を続けた。

「私たちは百年もの間、品井沼の洪水に苦しめられてきたのです。この工事をやり遂《と》げなければ、これまでの努力が無駄になるのです」「一時の苦しみに耐えないで、これから先も苦しみ続けることは愚《おろ》かなことではないでしょうか」

三之助は、言葉を尽くして説得を続けた。どんなに罵《ののし》られても、陰口《かげぐち》をたたかれても、決して諦《あきら》めなかった。そんな三之助の熱意が、反対していた村人たちの心を少しずつ変えていった。一人、また一人と、三之助の説得に応じる人が出てきた。そして、ようやく工事が再開された。

三之助の心にまた灯がともり出した。

■明治潜穴記念公園（めいじせんけつきねんこうえん）
松島町幡谷の国道三四六号線沿いにある。公園内には鎌田三之助翁の顕彰碑（下）がある。

鹿島台小学校に建つ三之助の像

鎌田三之助翁

三十八年間無報酬《むほうしゅう》の〝わらじ村長〟

工事を進める傍《かたわ》ら、多くの村人の強い願いに応じて、三之助は四十六歳の時、村長に就任《しゅうにん》した。村長になるにあたり村人たちに向かって、「この村は今、貧乏のどん底にある。ほかの町や村と肩を並べたければ、生易《なまやさ》しい覚悟ではいけない。たとえ一人の力は弱くとも、村民一体となって努力すれば出来ると信じて欲しい。無駄遣《むだづか》いをやめ、一生懸命に働いて欲しい」と呼び掛けた。

その翌日から三之助は、自らお手本を示すために髭《ひげ》を剃《そ》り、継ぎはぎだらけの服を身に着け、草鞋を履いて仕事するようになった。村長になってからの三十八年間、三之助は無報酬《むほうしゅう》を貫《つらぬ》き通した。

そうした三之助の姿を見た村人たちは、彼を〝わらじ村長〟と尊敬の念を込めて呼び親しんだ。そして、鎌田家三代のこの村に対する思いが、まぎれもなく本物であり、とてつもなく深いことを知った。干拓工事にも、一層熱が入った。そして、三之助が村長になった翌年には新しい排水路が完成した。

一九一〇年（明治四十三）十二月二十六日、県令をはじめ千人余りが参加し、工事の完成を祝って通水式が挙行《きょこう》された。祝賀会場の松島に向かう三之助の背中には、祖父と父の位牌があった。

6 青柳 文蔵（あおやぎ・ぶんぞう）

日本最初の公開図書館つくる

日本で最も古い寄付図書館として有名な「青柳文庫《あおやぎぶんこ》」は、仙台城下の百騎丁（現在の仙台市青葉区一番町四丁目、東二番丁通り沿い）にあった仙台藩医学校の構内に設置された。この文庫は、一人の篤志家が、一八二九年（文政《ぶんせい》十二）に書籍の寄付を願い出たのをきっかけに設けられたもので、三年後の一八三一年（天保《てんぽう》二）年に落成している。

書籍を寄付した青柳文蔵（あおやぎ・ぶんぞう）は、一七六一年（宝暦《ほうれき》十一）に磐井《いわい》郡東山松川《まつかわ》村（現在の岩手県一関市東山町）で医師の三男として生まれた。父が塾も開いていたので、幼い頃から書物に親しんでいた。一人で本を読み、字を書き写すことが好きな少年だった。

文蔵が十六歳の時、父は医者の仕事を継がせるために、登米郡米谷《とめぐんまいや》（現在の宮

▼寄付図書館（きふとしょかん）
寄付された書籍を主に収蔵する図書館。

▼百騎丁（ひゃっきちょう）
仙台城下の街路や町名は、固有の名称以外に幾つかの俗称を持って呼ばれた。東一番丁は南部が塩倉丁、北部は糠倉（ぬかくら）丁といい、東二番丁は百騎丁とも呼ばれた。時代によっては、東一番丁、東二番丁、東三番丁すべて百騎丁と呼んだという。

ビル街に立つ百騎丁の辻標
（仙台市青葉区一番町４丁目）

青柳　文蔵

▼**仙台藩医学校（せんだいはんいがくこう）**
仙台藩校・養賢堂学頭の大槻平泉が学制改革を行ない、一八一七年（文化十二）、医学教育部門が分離独立し、医学校として発足。
▼**篤志家（とくしか）**
社会奉仕活動や慈善事業に熱心に取り組む人。

設立当初の青柳文庫（宮城県図書館蔵）

▼**慈しみ（いつくしみ）**
めぐみ。
▼**儒学（じゅがく）**
孔子（こうし）に始まる中国古来の政治・道徳の学問。諸子百家の一つ。宋代に宋学が興って哲学面で深

城県登米市東和町《とうわちょう》米谷《まいや》）の医師の元に修行に出すことにした。文蔵はこの医師の指導を受けながら修行に励んでいたが、十八歳になって「医師の仕事に就《つ》かせようとしている父には感謝している。しかし、医師となるにはまず民衆を思い、慈しみを持たなければならないはずだ。技術だけではだめだ。父への恩返しのためにも、自分はもっと勉強しなければならない」と心に誓い、儒学を学ぶために江戸に出る決意をした。

　念願の江戸に出た文蔵だったが、すぐ問題に直面した。お金がないので読みたい本も買えず、思うような勉強が出来ない。勢いで故郷を飛び出してきたものの、資金がなければ生活もままならない現実に直面した。学問のためにはまずお金を貯めなければならないと考え、江戸の医師の下で働くことになった。これが迷いの始まりだった。文蔵は再び壁に突き当たる。

（やはり、医者は民衆を思い、慈しむために「仁」を学ばなければならない。人としてどうあるべきかを学ぶ必要がある）

　そう考えて、再び儒学に真剣に取り組もうと心に決める。何度も何度も迷いながら、医師としての道について考える文蔵であった。

化し、特に朱子学による集大成がなされた。清末の共和思想に及ぶ。日本において社会一般に及んだには江戸時代以降。

▼仁（じん）
いつくしみ。思いやり。孔子が提唱した道徳観念。礼に基づく自己抑制と他者への思いやり。忠と恕（じょ）の両面を持つ。儒家の道徳思想の中心に据えられる。

▼公事師（くじし）
江戸時代において、謝礼を受けて他人の訴訟（そしょう）の代理人となった者を指す。代言人ともいう。

本を読む青柳文蔵（宮城県図書館蔵）

公事師として沢山の収入を得る

それからの文蔵は、塾を開いて近所の子どもたちに読み書きを教えたり、農作業を手伝ったりと、いろいろな職業を経験しながら細々と生活していた。その頃の江戸では、天候不順や大地震、大火事、火山の噴火など様々な天災に見舞われただけでなく、飢えによって大勢の人々が亡くなるなど、世の中が大変不安定になっていた。文蔵は、まず自らが生き延びるために必死で働き続けた。極めて貧しい生活を送りながらも、儒学を学ぶ意欲を失わず、少ないながらも得たお金で本を買い、勉強を続けた。

そんな時、彼の人生に大きな影響を与える一冊の本に出合った。それは、当時の裁判の様子が書かれたもので、百四十四の名判決を集めた『棠陰比事《とういんひじ》』という中国で出版された書籍である。この本を読み進めるうち、文蔵の心には、ある思いが湧いてきた。そして、

（何も知らない庶民《しょみん》は訴《うった》える方法も知らず、泣き暮れている。法律を勉強し、困っている人の味方になろう）

と決心する。

▼悔恨（かいこん）
悔い改めること。後悔。

▼文庫（ぶんこ）
文書や図書などを収蔵する書庫を意味し、まとまった蔵書、コレクションのことを指す。それを所蔵・公開する図書館や、まとまった形態によって出版される叢書のことにも使われる。

現在も東二番丁通りに掲げられている青柳文庫碑の標識（左）と青柳文庫の碑（右・写真筆者）

その後、文蔵は公事師《くじし》（現在の弁護士のような職業）になることを目指して努力を重ね、広く名前を知られるようになった。文蔵は、公事師として多くの収入を得られるようになり、さらに質屋なども営み、大きな富を成した。

時が過ぎ、文蔵は三十九歳になっていた。

（こうして富を成し、書物に囲まれてはいるが、思うのは郷里のことである。医業を継がせようとしてくれた父に感謝しているし、残り少ない人生だからこそ、何か郷里のためになることをしたい）

江戸に来て、貧乏のどん底でもがき苦しみ、読みたい本を買えず、思うように勉強出来なかった日々を思い出していた。そうした悔恨の思いの中で、文蔵が辿《たど》り着いた考えは、学問への志《こころざし》を抱きながらも、様々な事情でそれを達成できないでいる人たちに、本を提供することであった。

（自分の蔵書《ぞうしょ》を読んでもらえる場所を設ければ、身分や地位に関係なく、誰でも利用できるはずだ。それには、誰でも本を手に取れる文庫がいいのではないか。これが父母、そして郷里に自分が出来る恩返しになるのではないか）

そう考えた。

▼献上（けんじょう）
上の者に金品を差し出すこと。

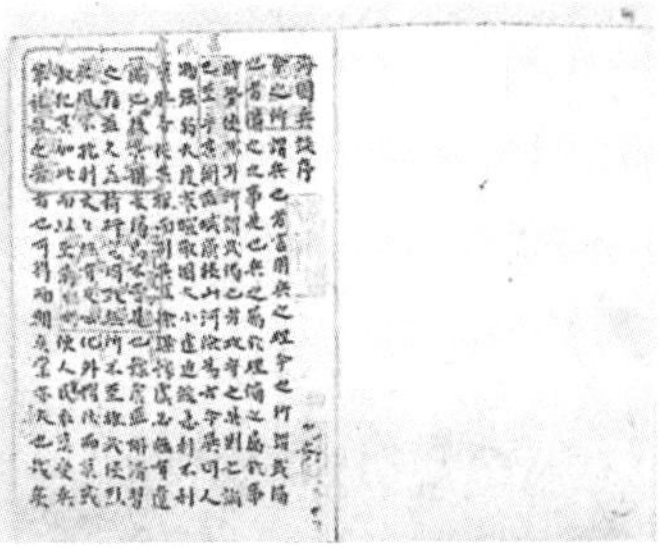

青柳文庫の蔵書。

一関市東山町松川にある「青柳倉記碑」

文蔵の思いは宮城県立図書館に

文蔵が活躍した江戸中期に、自由に書物を読むことが出来たのは、身分や地位が高い侍や学者、富裕な商人らに限られていた。身分が低い人々は、勉強したくてもその願いが叶えられない世の中であった。

文蔵が儒学を志《こころざ》して集めた蔵書は二万巻以上にも上った。そこで文蔵は、それらの書物から二千八百八十五部・九千九百三十七冊を一カ所に集め、文庫（現在の図書館に相当）として一般に開放することにした。さらに、運営資金として一千両（現在の価値でおよそ一億円）とともに、仙台藩に献上したい旨を願い出たのであった。仙台藩も文蔵の申し出を快諾。その願いは叶えられた。文庫開設の許可が仙台藩から下りた時、文蔵は（自分の志《こころざし》が殿さまに通じた）と心の中で手を合わせた。

こうして一八三一年（天保《てんぽう》二）、仙台城下の中心に近い百騎丁に文蔵の名前を冠《かん》した「青柳文庫」が開設された。仙台藩の医学校の敷地内ということもあり、医学生や学校の職員のみならず、一般の人々にも開放されたのが大きな特徴と言える。

明治維新を経て、一八八一年（明治十四）、宮城県図書館の前身となる宮城書籍館が設立されたが、蔵書の多くは仙台藩の藩校「養賢堂《ようけんどう》」と青柳文庫から引き継がれたものだった。一九〇七年（同四十）、図書館令に基づいて、宮城書籍館は「宮城県立図書館」となり、所在地も宮城県庁に近い勾当台公園南端付近、仙台空襲で焼失した養賢堂跡地、榴岡公園隣接地と市内各所を転々としながら、一九九五年（平成七）、泉区紫山の現在地に移転し、今に至っている。

文蔵の郷里、一関市東山町松川の「青柳倉記碑」には、彼の書いた文章が残っている。その言葉「書は吾の賢子孫なり」とは、「書物を読むことで人として知らなければならないこと、しなければならないことが判る。私が残す書物を読んで勉強する人が出てくれれば、書物こそが私にとって親孝行な子どもたちだ」との意味だという。先駆としての文蔵の気概が伝わる文である。

日本初の図書館と言われる青柳文庫は、医学・法律などの専門書、歴史書、詩歌、小説など幅広い分野の書籍が保管され、人々に利用されてきた。最初に設置された百騎丁には、記念の石碑が立っているほか、当時からの書籍の一部は宮城県図書館や宮城教育大学に保管されている。

▼宮城書籍館（みやぎしょじゃくかん）
一八八一年（明治十四）、仙台市勾当台通り（現在の勾当台公園付近）に開設された。宮城師範学校の講堂や書庫を業務室と書庫に利用した。

▼青柳倉記碑（あおやぎくらきひ）
飢えと病に苦しむ郷里の人々を救うため、青柳文蔵が一八三一年（天保二）、郷里の松川に籾倉（もみぐら）を建て、その前に倉の由来を書いて建てた碑。

▼賢子（けんし）
賢い子ども。すぐれた人。

▼孫（そん）
子どもの子ども。同じ血を引く人。

▼先駆（せんく）
先導すること。先駆け。先導する人は先駆者。

▼石碑（せきひ）
人や団体の功績を後世に伝えるために、業績や事績（じせき）を記念する文を刻み、建てた石。いしぶみ。

7　一力　健治郎（いちりき・けんじろう）

東北の発展を願って

「河北新報《かほくしんぽう》」を創刊した一力健治郎（いちりき・けんじろう）は、江戸時代の終わりころ、一八六三年（文久《ぶんきゅう》三）、仙台の唐物商の四男として生まれる。八歳の時、茶商だった一力家の跡継ぎとなるため養子となる。

健治郎は、時代が江戸から明治に大きく変わり、外国から新しい文化が入ってくる転換期の中で成長した。明治の初め、仙台藩は戊辰戦争で敗れたことにより版籍を奉還。藩主は藩知事となり、その後、新たに仙台県が置かれ、一八七五年（明治五）に宮城県が発足した。しかし、県の重要な役職や警察の仕事などは、戦争に勝利した他県の人が務めることになった。新しい時代になっても、「敗者」としての立場が変わらない現状に東北の人々は悔《くや》しい思いを募《つの》らせた。

特に、宮城県を含む東北各県は、新政府の人たちからは「白河以北一山百文」

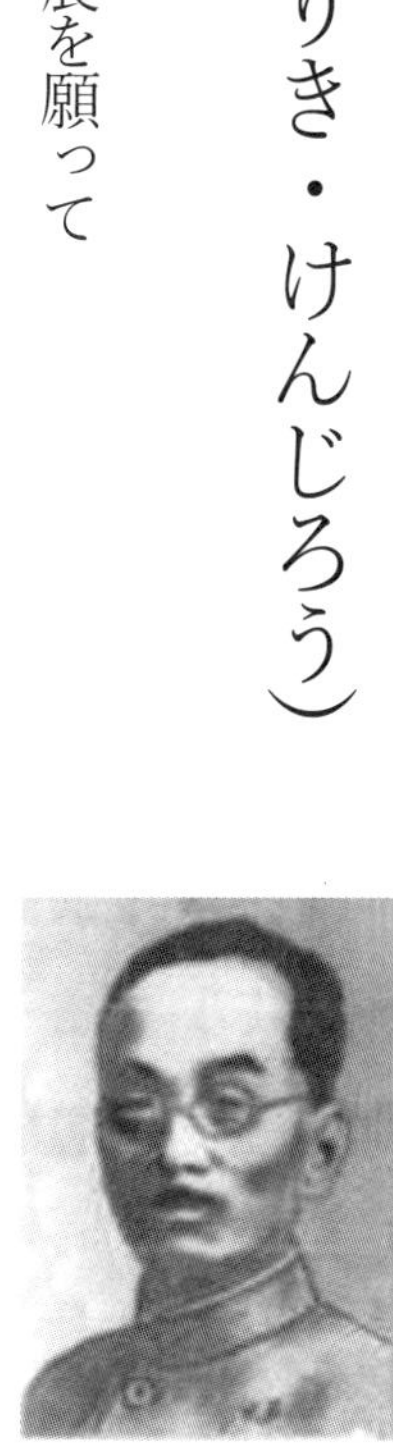

一力　健治郎

▼唐物（からもの）
中国やその他の国から日本に入ってきたもの。輸入品。

▼茶商（ちゃしょう）
お茶を扱う商売。茶舗。

▼戊辰戦争（ぼしんせんそう）
一八六八一八六八年（明治元）から翌年まで行なわれた新政府軍（薩摩・長州藩など）と旧幕府軍（会津藩など）との戦い。

▼白河以北一山百文（しらかわいほくひとやまひゃくもん）
当初は東北の後進性や開発から取り残されて遅れた現状を表すマイナスイメージの言葉として使われ始めたが、後にこの言葉の解釈をバネにして、本来東北が持つ素晴らしい文化や精神性、自立性に誇りを持ち、産業の振興を図ろうという、東北をプラスのイメージに変えよ

と蔑《さげす》まれ、以後長年にわたって苦汁を飲むことになる。「白河以北一山百文」とは、「白河（福島県）から北の地域は、一山百文程度の価値しかない」という意味だった。幼い頃から負けず嫌いだった健治郎は、この心無い言葉が悔しくて、どうしても見返してやりたいという気持ちでいっぱいだった。

東北のための新しい新聞を

健治郎が二十歳の時、一力家の家業を継いだ。働き者だった健治郎は熱心に家業に勤《いそし》しみ、店の経営も順調だった。結婚し、子どもも生まれた。しかし、家族との暮らしに幸せを感じていたものの、一方で世の中がどんどん姿を変えるのを目の当たりにしていた。

そこで健治郎は、新島襄が開校したばかりの東華学校（現在の仙台第一高等学校）に二十二歳で入学し、二十四歳で第二高等学校（現在の東北大学）に進学した。健次郎は家を離れ、寄宿舎に入って熱心に勉強に励んだ。さらに日本

うという動きのきっかけとなった。

▼新島襄（にいじま・じょう）（一八四三～一八九〇）

キリスト教教育家。同志社の創立者。二十一歳の時に渡米してマサチューセッツ州にあるアマースト大学を卒業。一八七二年（明治五）より岩倉具視全権大使に随行してヨーロッパを視察。一八七五年（同八）京都に同志社英学校を創設。キリスト教主義の教育を実践した。

▼東華学校（とうかがっこう）

宮城県尋常中学校の廃止後に中学教育の任を果たしたのが、一八八六年（明治十九）に清水小路（現在の仙台市若林区）に設立された宮城英学校（東華学校の前身）である。設立に当たっては、日銀総裁の富田鉄之助（東松島市出身）や初代仙台区長の松倉恂を中心とした教育振興団体のほか、初代宮城県令の松平正直など各界の有力者が名を連ねた。東華学校の初代校長は、キリスト教主義教育者で知られる新島襄（京都同志社と兼任）であった。

の中心である東京で新しい情報や人々の生活の様子を直接学びたいと考え、二十六歳で東京の国民英学会でも学んだ。

二十七歳で郷里の仙台に戻ると、健治郎は「文学館」という外国の本を扱う書店を開いた。仙台の人々が外国の書籍を簡単に手に入れることが出来、新しい文化を学ぶことが出来るようにとの思いからだった。また、宮城県貯畜殖産会社社長、仙台米穀取引所理事など、若くして政財界で活躍するようになった。

健治郎は東北を発展させるためには、まず政治に関わることが必要だと考え、市議会議員として、その後は県議会議員となって活躍。有力議員として名を馳《は》せた。また、宮城県改進党幹事長として弁論を鳴らした。

そんな時、盟友の宮城県議会議長だった藤沢幾之輔から、経営に行き詰った改進党機関紙「東北日報」の経営を引き継いでもらえないかという依頼を受けた。当時、仙台には発行部数の多い「東北新聞」と歴史ある「奥羽日日新聞」という二つの新聞社があった。

政党の考えを伝えるのが主目的である「東北日報」は、一般紙である「東北

▼第二高等学校（だいにこうとうがっこう）

仙台市青葉区片平にあった旧制の官立高等学校。通称「二高（にこう）」。現在の東北大学の前身。一八八六年（明治十九）、東北地方六県の高等中学校である第二高等中学校として発足。一八九四年（同二十七）、高等学校令により医学部・大学予科を設置。一九〇一年（同三十四）に医学部を分離。一九四七年（昭和二十四）、新制の東北大学に合併された。

▼寄宿舎（きしゅくしゃ）

自宅から学校や職場に通えない人のための宿舎。事業者が設置する居住施設。

▼国民英学会（こくみんえいがっかい）

東京にあった私立の英語学校。

▼藤沢幾之輔（ふじさわ・いくのすけ）

（一八五九〜一九四〇）

仙台市生まれ。明治維新後に宮城英語学校などで学ぶ。明治・大正・昭和期の日本の政治家・弁護士。衆議院議員。衆議院議長。第一次若槻禮次郎内閣の商工大臣、貴族院議員などを歴任した。

▼不本意（ふほんい）
物事が満足できずに受け入れられない様。

▼薩摩（さつま）
現在の鹿児島県。薩摩・大隅など。

▼長州（ちょうしゅう）
現在の山口県。旧萩藩、毛利藩。

▼侮言（ぶげん）
相手を侮（あなど）って発する言葉。

▼連綿（れんめん）
長く続いて途切れない様。継続し続けている様子。

河北新報本社前にある新聞少年の像
（仙台市青葉区五橋）

新聞」や「奥羽日日新聞」とは異なり、一般の読者を取り込んで経営面で対抗するのは難しかった。それでも「経営が厳しい東北日報を立て直すのは、一力にしか出来ない」と懇願され、健治郎はしばらくの間、考え込むのだった。（一部『未来の架け橋』宮城県教育委員会編　参考）

東北振興が「社是」

戊辰戦争《ぼしんせんそう》と明治維新以来、「白河以北一山百文」は、東北人にとって極めて不本意だったのに対し、〝白河以南〟の薩摩や長州の政治家たちによって使われ続けた。この言葉は、東北地方及び東北に住む人々への侮言であり、健治郎はかねてからこの言葉に憤慨《ふんがい》していた。その反骨心《はんこつしん》から、「東北の自主独立のため、東北地方の振興・発展を新聞の力で実現できるのではないか」というアイデアが頭に浮かんだ。目の前がパッと開けた瞬間だった。それからの健治郎の動きは素早かった。「東北日報」の経営を引き継ぎ、自身での新聞発行を決意し、藤沢の頼みを受諾。さらに、東北人としての自信を取り戻すには、まず戊辰戦争の敗北から連綿と続いてきた冤を雪ぎ、誇りを取り戻すことから始めなければならないと考えて、新聞の名称を「河北新報」と改めたのであった。

健治郎は、「藩閥政治によって無視されてきた東北の産業・文化の開発に尽くす」として、新しく生まれ変わった新聞社の基本的な方針として「不偏不党《ふへんふとう》」を宣言。社会の発展のために中立性を堅持して、権力や暴力に屈せず、報道の自由のために闘い始めた。そのため、創刊と共にそれまでの政治の世界とは縁を切り、すべての職を辞任。裸一貫となって新聞社の経営に持てる力の全てを投入していった。特に新聞は、読者の信頼を得ることが何よりも重要であるとして、信用を高めるために記事面では正確性と迅速性、さらに品位を落とさないことの徹底を社内に求めたのであった。

紙面では、東北振興のために、「社是」である「農村振興」のキャンペーンに力を入れ、農奴解放に鋭い筆陣を張り、同時に「人物」「文化」「産業」の面を充実させた。健治郎はさらに、時代を一歩先取りした魅力ある企画を次々と打

▼冤（えん）
無罪の罪。

▼雪ぎ（そそぎ）
水などで汚れを洗い落とすこと。すすぐ。濯ぐ。

▼藩閥（はんばつ）
明治新政府で、明治維新を主導した薩摩・長州藩などの出身者で結成し、要職を独占して政治を動かそうとした派閥。藩閥政治。

▼迅速（じんそく）
物事の進みぐあいや行動などが非常に速いこと。

▼社是（しゃぜ）
会社や結社の経営上の方針・主張。

▼農奴解放（のうどかいほう）
農民を奴隷のような立場から解き放ち、地主や領主に縛られない、自由の民とすること。前近代の日本でも小作制度などによって農民の自由が制限されていたが、戦後の農地解放によって農村の近代化が歩み出した。

▼筆陣（ひつじん）
文章によって相手と論争しようとする構え。

▼一銭（いっせん）
中国や朝鮮、日本など東アジアで

ち出し、地方紙として初の「英文欄」を設けた。さらに世評の高かった中央紙とも「文化欄」「家庭欄」で競《きそ》い合い、評価を高めていった。ユニークな発想で種々の催し物にも力を入れて読者を獲得した。当時の定価は一銭五厘、当初六千部からスタートした発行部数は、年を追うごとに伸びていった。

座談会の名手でもあった健治郎は、多くの人材を引き寄せた。詩人の土井晩翠、東北学院で教鞭《きょうべん》を執った島崎藤村、小説『あゝ玉杯《ぎょくはい》に花受けて』で知られる佐藤紅緑などが筆を執って好評を得る。中でも、『仙台戊辰史』で全国的な反響を呼んだ藤原相之助は、『藤原秀衡』『林子平』などの長期連載に健筆を振るい、多くの読者を魅了した。

社会貢献にも熱心

当時はまだ輪転機がなく、新聞の印刷は人手による手回しのロール印刷機を用いていた。新聞社の経営はいつの時代も困難を極め、河北新報も幾度かの経

用いられた通貨の単位。日本では一円以下の単位を指す。明治期の一銭は、現在の価値で百五十円くらい。

▼土井晩翠（どい・ばんすい）（一八七一～一九五二）
詩人・英文学者。仙台市北鍛冶町（現・青葉区木町通二丁目）生まれ。二高教授。詩集『天地有情』ほか。文化勲章受章。

▼島崎藤村（しまざき・とうそん）（一八七二～一九四三）
詩人・作家。長野県木曽馬籠生まれ。詩集『若菜集』等でロマン主義的詩風を示す。日本自然主義文学の先陣を切った長編小説『破壊』によって作家としての地位を確立した。

▼佐藤紅緑（さとう・こうろく）（一八七四～一九四九）
小説家。青森県弘前市生まれ。サトウハチロー、佐藤愛子の父。正岡子規に俳句を学ぶ。小説『行火(あんか)』で認められる。

▼藤原相之助（ふじわら・あいのすけ）（一八六七～一九四八）
昭和初期に活躍した河北新報の主

営難に陥った。健治郎は、直接金融の工面に出向いて懇願し、あるいは愛馬を売り払うなどして資金を工面したりもしたという。

　転機となったのは、一九〇四年（明治三十七）の日露戦争だった。従軍記事は読者を増やし、挿絵が写真に替わったのもこの頃である。河北新報は躍進を遂げて仙台の主要新聞社として成長し、広告主を一層重視して全国屈指のブロック紙としての地位を固めていく。

　健治郎は社会貢献にも熱心で、常に多額の寄付を惜《お》しまなかった。松島瑞巌寺の僧堂建設資金を寄進したり、名大関・荒岩亀之助に化粧まわしを贈ったり、東北では初めての能舞台を造って喜多六兵太を招き、光源氏をモデルにしたと言われる実方中将の墓（名取市愛島）に歌碑を建てたりした。

　強固な意志と頑健な体力で終始一貫、東北の産業・文化の振興を訴え、社業一筋に身を捧げた一力健治郎。一九二九年（昭和四）十一月五日、六十七歳で世を去った。その墓は仙台市若林区新寺三丁目の成覚寺にある。

　実は、健治郎が六十六歳の時、叙位・叙勲の話があった。その時、健治郎は「河

筆。政治評論、民間伝承、歴史物語、小説などに健筆を振るった。著書『奥羽戊辰戦争と仙台藩─世良修蔵事件顛末』など。

▼日露戦争（にちろせんそう）
一九〇四年（明治三十七）から翌〇五年にかけて日本と帝政ロシアの間で起きた戦争。満州・朝鮮の覇権争いが原因。旅順の攻防、日本海海戦などで日本側が勝利し、米大統領ルーズベルトの斡旋でポーツマス講和条約が成立。

▼挿絵（さしえ）
新聞や雑誌、単行本などで文章に挿し入れる絵。

▼瑞巌寺（ずいがんじ）
宮城県松島町にある臨済宗の禅宗寺院。本堂や庫裏は国宝に指定されている。

▼化粧まわし（けしょうまわし）
相撲で十両以上の力士が土俵入り等に用いる。下帯。前面に前垂れ様のものがあり、華やかな刺繍で美しい絵模様を表現したものが多い。

▼喜多六兵太（きた・ろっぺいた）
（一八七四～一九七一）
能楽師。喜多流十四世家元。

北新報は社会公益の機関で、一個人の努力ではない」と辞退した。創立者であると共に、東北の最有力者の一人であった彼の死去は、東京の新聞まで筆をそろえて報じ、その死を悼んだ。しかし、河北新報は健治郎の死を一行も報じなかったという。

創業以来、一貫して変わらない社名、題号、同一経営者の下での理念と歴史は、日本の新聞界では絶無の存在である。河北新報が歩んできた歴史は、東北の歴史そのものとも言えよう。

▼実方中将（さねかた・ちゅうじょう）

平安時代中期の貴族。中将実方朝臣・氏は藤原北家。九九九年（長徳四）、陸奥守（むつのかみ）として下向した際、通りかかった名取笠島祖神の前で、乗っていた馬が突然倒れ、その下敷きになって亡くなったと伝わる。紫式部『源氏物語』の主人公・光源氏のモデルの一人とされ、中古三十六歌仙の一人である。歌道に秀でた美男子であったという。名取市愛島に墓がある。芭蕉の『おくの細道』でも「藤中将実方の塚はいづくの程ならんと人にとへば…」と紹介されている。

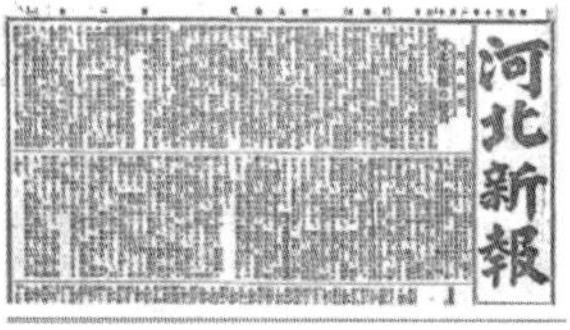

「河北新報」創刊号
(2022年8月28　日付記事より)

実方中将の墓（名取市愛島）
（写真・大久マサ子）

仙台市青葉区五橋にある河北新報社本社
（写真・著者）

第二章　千里の道も一歩から

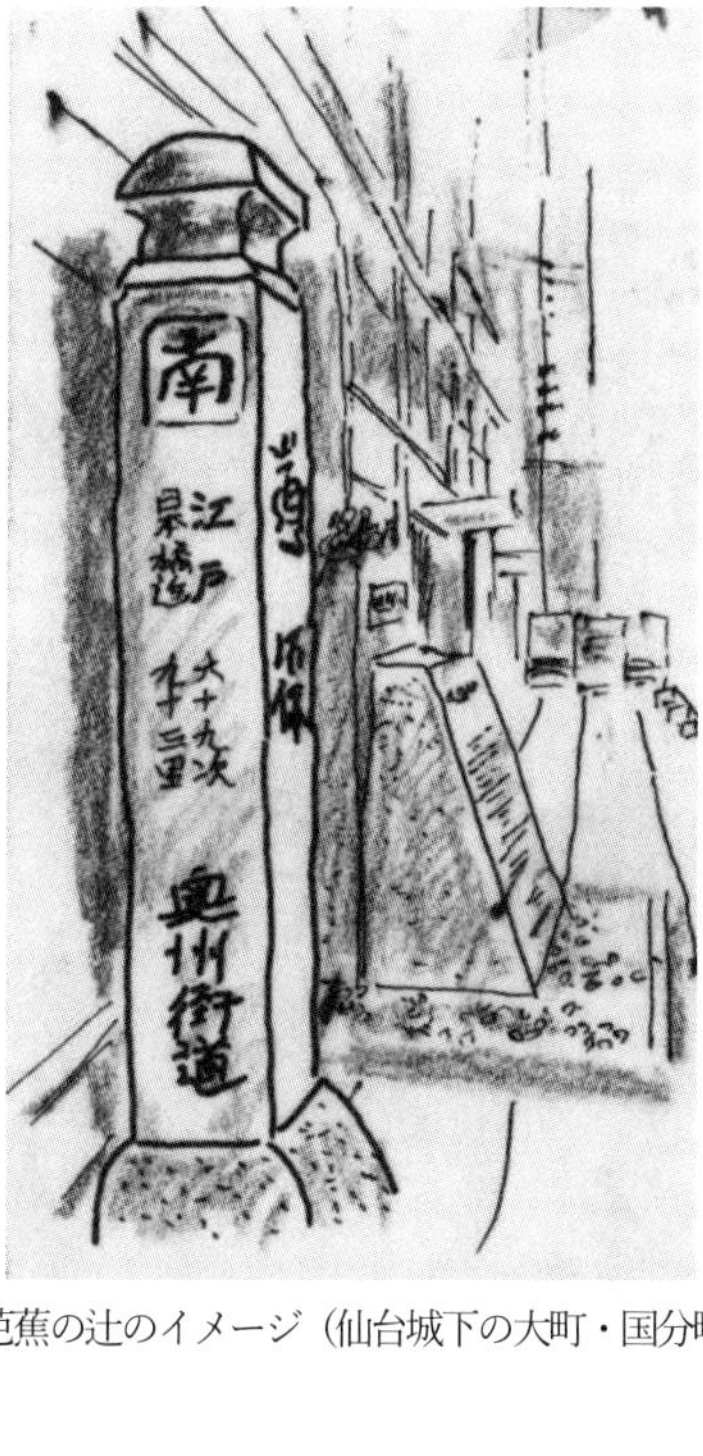

芭蕉の辻のイメージ（仙台城下の大町・国分町角）

8 毛利 総七郎（もうり・そうしちろう）

毛利コレクションが収蔵されていた住吉町の石蔵（イラスト・筆者）

江戸時代の石巻の北上川河口のイメージ（石巻市博物館）

毛利コレクション収集

〝毛利コレクション〟で知られる歴史研究家、毛利総七郎（もうり・そうしちろう）は、一八八八年（明治二十一）六月二日、毛利理物治《りそうじ》・たねの二男として牡鹿郡《おしかぐん》石巻村住吉町（現・石巻市）に生まれた。一九七五年（昭和五十）一月八日、石巻市住吉《すみよし》町の自宅で八十八歳（享年《きょうねん》）の天寿《てんじゅ》を全《まっと》うした。

父の理物治《りそうじ》は、醤油《しょうゆ》・味噌《みそ》醸造業《じょうぞうぎょう》を営んでいたが、ほかにも金融業・借地業・保険代理業など手広く事業をしており、総七郎は裕福《ゆうふく》な家庭で育った。自身はスポーツ用品店を営みながら、石巻信用金庫の理事長や町議会議員・市議会議員も務めた。

十二、三歳の頃から趣味で切手やマッチのラベルを集め出した（八万二千点以上）のがきっかけとなり、これ以来、七十数年にわたって、様々なものを収

毛利　総七郎

集。このことが〝毛利コレクション〟の形成へと繋《つな》がってゆく。

〝毛利コレクション〟とは、総七郎が収集した考古学関係の出土品及び江戸期から昭和期までの庶民《しょみん》の生活を伝える十万点を超える収集品の総称である。これらの資料群の中には、総七郎自身が私財を投じて発掘調査を行なった「沼津《ぬまづ》貝塚」（石巻市沼津）や「南境《みなみさかい》貝塚」（同市北境《きたさかい》）から出土した縄文時代の遺物が含まれる。これらの出土品の一部は、石巻市開成《かいせい》地区に二〇二一年（令和三）十一月三日オープンした石巻市博物館に展示されている。

毛利コレクションの存在は、第二次大戦前から国内外の専門家の間で知れ渡っていた。古銭などの鋳銭場（石巻市）関係資料・刀剣・鍔《つば》・鞘《さや》・甲冑・家具・和紙・染織・古文書・絵図、そしてマッチラベルや駅弁の包装紙といった身近な生活関連資料も含まれる。中でも特に貴重なのは、北海道白老町を中心に収集されたアイヌ民族関係の民族資料である。いずれも学術的に価値の高さを物語っており、必見の価値がある。アイヌ関係では国内随一のコレクションであり、今では本場北海道でも珍しくなった品物も多数含まれる。

▼遺物（いぶつ）
前の時代から残されたもの。

▼鋳銭場（いせんば）
銭を作った場所。仙台藩の鋳銭場は今の石巻駅そばの鋳銭場地区に設置された。

▼刀剣（とうけん）
かたなとつるぎ。刀及び剣の総称。

▼甲冑（かっちゅう）
鎧（よろい）と冑（かぶと）。戦闘に際して戦士が身体を保護するためにまとった頑丈な武具。

▼染織（せんしょく）
染めと織物。

▼白老（しらおい）
北海道南西部、太平洋に面した町。ウポポイ・国立アイヌ民族博物館やアイヌ関係の史跡がある。製紙業、競走馬育成、和牛生産でも知られる。

▼アイヌ民族（アイヌみんぞく）
かつては北海道・樺太（からふと＝サハリン）・千島列島に広く居住したが、現在は北海道に居住する先住民族。口承による叙事詩「ユーカリ」などを伝える。

石巻総合文化施設内の石巻市博物館（写真・筆者）

毛利コレクション（展示の本より）

収集品の大半を石巻市に寄付

「いつも穏《おだ》やかで声を荒げるところは見たことがない」。孫のかづさん（80）は、一緒に暮らした祖父の姿を思い起こす。着物を羽おり、茶の間で正座する姿には威厳《いげん》が漂《ただよ》い、古い布で鍔《つば》を丁寧《ていねい》に磨く姿をよく見掛けたという。（「河北新報」令和四年二月十一日付参照）

膨大な収集品は総七郎の死後も遺族が管理し、二〇一〇年（平成二十二）十月に郷里の石巻市に寄贈された。保管先だった石巻文化センターは、旧北上川の河口に近いという立地が禍《わざわい》し、翌二〇一一年（同二十三）三月十一日に発生した東日本大震災による大津波で壊滅。その後、取り壊された。同センターの一階にあった収蔵庫は、扉を頑丈《がんじょう》なものに交換したばかりだった。浸水は床上二センチほどにとどまり、幸いにも収集品は被害を逃れた。

ここで毛利総七郎の主な年譜《ねんぷ》を見てみよう。一九〇二年（明治三十五）、石巻高等小学校を卒業。虚弱だったためかしばらくは家にとどまる。翌一九〇三年、東京神田にあった東京簿記精修学校（現・大原簿記学校）に入学。卒業後もしばらくは東京に残り、都会生活を楽しむ。一九〇四年に石巻に戻った総七郎は、米国製自転車デートン号を購入し、友人とツーリングをしたりした。この時の様子を「双輪《そうりん》日誌」に記録している。一九〇九年（明治四十二）七月、後に考古学者の遠藤源七の案内で、初めて沼津貝塚に出掛ける。そこで石鏃と石斧の破片を収集。土偶の破片や土器も発掘する。同年八月に考古学会に入会、九月には東京人類学会に入会する。また、一九一〇年には仙台に設立された考古学研究団体に入会する。一九一二年（大正元）に結婚。翌年に長女のつね誕生。一九一六年（同五）には二女しつが誕生する。一九二四年（同十三）に『考古図集』が「毛利遠藤両氏贓《ぞう》品号」と題して出版される。翌一九二五、二六年にかけて住吉新丁の家を増築して石器時代遺物陳列所を開設。

二六年に杉山寿榮男編集・金田一京助校閲の『アイヌ文様』・『アイヌ文様解説』に総七郎が収集した「紡織用具」数点が掲載される。同年、南境貝塚を発掘、土器類を二十数点収集。また、同じ年に、日本を訪問していたスウェー

▼石鏃（せきぞく）
石のやじり。木や竹の柄につけて、狩猟具や武具として用いた。縄文時代から弥生時代にかけて、長期間にわたって使われた。

▼石斧（せきふ）
斧（おの）の形をした石器。樹木の伐採（ばっさい）具、工作具または農耕具として用いられた。石おの。

▼土偶（どぐう）
縄文時代に制作された人形（ひとがた）にかたどった土製で素焼きの造形物。

▼金田一京助（きんだいち・きょうすけ）（一八八二～一九七一）
大正・昭和期の言語学者。国語学者。文学博士。アイヌ語学者。アイヌの叙事詩「ユーカラ」を筆録・研究し、『アイヌ叙事詩ユーカラの研究』として発表。石川啄木は知友。岩手県二戸郡生まれ。

▼紡織（ぼうしょく）
原料から糸をつむぐこと。機織り、すなわち織物を織ること。

▼土器（どき）
釉薬（ゆうやく、うわぐすりのこと）

デン皇太子に骨角器十二点を献上する。同年十月には沼津貝塚を発掘。完成土器一点、土偶類五点、骨角器類五点を収集する。

一九三一年（昭和六）十月、三女せつが誕生。翌一九三二年、住吉町七三番地に三十一坪の石蔵の陳列所工事に着手。同年五月、毛利運動具店を開業。一九三五年（同十）三月、沼津貝塚出土及び付近貝塚出土の骨角器四十八点を含む三百九十一点、二年後の一九三七年（同十二）、網場出土の「岩版」「彩文土器」が重要美術品にそれぞれ認定される。一九四五年（同二十）七月、貴重な収集品を戦禍から守るため、内陸の志田郡三本木町字桑折（現・大崎市三本木）に出土物や古文書等を箱詰めして馬車二台で疎開させた。荷物は五十箱にも上ったという。

一九五〇年（同二十五）、宮城県編纂《へんさん》委員に就任。翌二十六年、東京国立博物館で「日本古代文化展」が開催され、土偶・獣形土製品など三十四点を貸し出す。一九五三年（同二十八）、『陸前沼津貝塚骨角器図録解説』を非売品として限定出版。

を用いない素焼きの器物。出現順に縄文・弥生・土師器（はじき）・須恵器（すえき）がある。考古学の重要資料。かわらけ。

▼骨角器（こっかくき）

哺乳類や鳥類などの角や骨、牙、歯などを加工して作った生活道具。

▼岩版（がんばん）

縄文時代の遺物の一つで、凝灰岩や砂岩などで制作され、文様が施されている。一般には扁平の形をしており、土偶と同じく信仰に関係すると考えられている。

▼彩文土器（さいもんどき）

色文様が施された土器。西アジア、中国、ヨーロッパ、アメリカ大陸で新石器農耕文化を特色づける。中国では彩陶という。

毛利コレクションにあるアイヌの衣装（石巻市博物館蔵）

▼文化財功労者（ぶんかざいこうろうしゃ）
文化財の収集と保護に長年の苦労と立派な仕事をした人への表彰。

▼瑞宝章（ずいほうしょう）
公共的な業務に長年にわたり従事して功労を積み重ね、成績を挙げた者に授与される勲章。明治二十一年に制定。六階級ある。

石巻市博物館内の展示

一九六〇年（昭和三十五）一月、国の文化財保護委員会により文化財功労者として表彰を受ける。一九六三年（同三十八）、石巻市長から自治功労者として表彰、同年、河北新報社より第十七回河北文化賞を受賞。一九六八年（同四十三）、宮城県より教育文化功労者として表彰。一九七〇年（同四十五）、文化財の保存と普及に尽力《じんりょく》した功績により、勲五等瑞宝章を授与される。

石巻市博物館の常設展示

震災から十年が経った二〇二一年（令和三）十一月、石巻市博物館は、石巻文化センターの後継施設として、石巻市複合文化施設（マルホンまきあーとテラス）内にオープンすることが出来た。著者も今年二〇二二年に訪れる機会を得たが、ここは、文化センターの資料を継続しつつ、新たな視点で構成された常設展示と、開館から二〇二二年（同四）二月までの会期で開催された開館記念企画「文化財レスキュー（救出）された美術作品の現在」について紹介されていた。

常設展示室は、広さが八百二十一平方メートルあり、目玉となっている「毛利コレクション展示室」など四つのコーナーで構成されている。

毛利コレクション展示室では、石巻市住吉町の毛利総七郎が家業の傍ら、明治・大正・昭和にかけて収集した十万点とも言われる膨大な歴史資料群を順次展示する部屋となっている。また、惣七郎の人柄や功績などについても紹介している。

コレクションの中でも特に貴重なものとして見逃せないのは、アイヌについての品々であろう。アイヌ（ＡＩＮＵ）は、かつて北海道や樺太（サハリン）、千島列島など広範囲に居住していた先住民族である。かつては蝦夷と呼ばれ、現在は主に北海道に居住している。人種の系統は明らかではない。サケやマスなどの川魚漁やシカ・クマなどの狩猟、野生植物の採集などを主とし、一部は海獣《かいじゅう》（海に棲む哺乳類の総称。クジラやイルカなどの鯨類《げいるい》、アザラシやオットセイ、セイウチなどの鰭脚類《ききゃくるい》など）猟も行なっていた。

近世以降は、松前藩の過酷な支配や明治政府の開拓・同化政策などにより、

▼千島列島（ちしまれっとう）

北海道とカムチャツカ半島の間に約千二百キロにわたって弓状に連なる火山性の列島。南から国後（くなしり）、択捉（えとろふ）、得撫（うるっぷ）、新知（しむしる）、幌筵（ほろむしろ）、占守（しゅむしゅ）などがある。

▼蝦夷（えぞ）

古代の奥羽から北海道にかけて居住し、言語や風俗を異にして中央集権に服従しなかった人々を指す。えみし。または北海道の古称。渡島（おしま）半島の南部は「松前地」または「和人地（わじんち）」と呼ばれ、それ以外のアイヌ民族が住む土地は「蝦夷地（えぞち）」と称された。北海道の東半分から千島列島の一部を「東蝦夷地」、北海道の西半分を「西蝦夷地」、樺太（サハリン）を「北蝦夷地」とも称していた。

▼松前藩（まつまえはん）

北海道南部の渡島半島の南西部に位置し、北海道では唯一の城下町として松前氏が支配した。「松前」は郡名及び町名でもある。桜の名所としても知られる。

固有の慣習や文化の多くが失われ、人口も激減したが、近年はアイヌ文化の継承運動が起こり、地位向上を見出す動きが進む。文字を持たなかったアイヌ独特の口承による叙事詩「ユーカラ」などを伝える。

北海道中南部に位置する白老は、藩政時代に仙台藩の領分経営として陣屋が置かれ、特に鹿革を主とした皮革類が珍重され、革衣として珍重された。

二〇二〇年（令和二）七月、白老町のポロト湖畔《こはん》に誕生したアイヌ文化復興・創造の拠点「ウポポイ」は、「民族共生象徴空間」の愛称で、主要施設として国立アイヌ民族博物館、国立民族共生公園、慰霊《いれい》施設などがある。

アイヌ文化の復興・創造・発展のための拠点となるナショナルセンターとなっている。なお、「ウポポイ」とはアイヌ語で「歌うこと」を意味している。

一七九八年（寛政十）頃の蝦夷地略図（「仙台市史」近世3より）

▼同化政策（どうかせいさく）
ある民族固有の文化や言語、習慣などを禁止して、他民族のそれに合わせるよう強要する政策。日本では明治新政府がアイヌ民族の同化政策を行なった。

▼口承（こうしょう）
文字を持たず、文化や言語などを文字で残すことが出来ない代わりに、口頭で代々伝えること伝承すること。

▼叙事詩（じょじし）
物事、出来事を記述する形の韻文。民族の英雄や神話、民族の歴史などを物語として語り伝えるものを指す。

▼陣屋（じんや）
郡代・代官の居所。宿衛の詰所。軍営。

▼鹿革（しかがわ）
鹿のなめし革。

▼革衣（かわぎぬ）
動物の毛皮でつくった衣類。かわごろも。保温性に優れ、北海道や樺太、千島などの寒冷地では必要不可欠のものだった。

9 千葉あやの（ちば・あやの）

藍染で人間国宝に

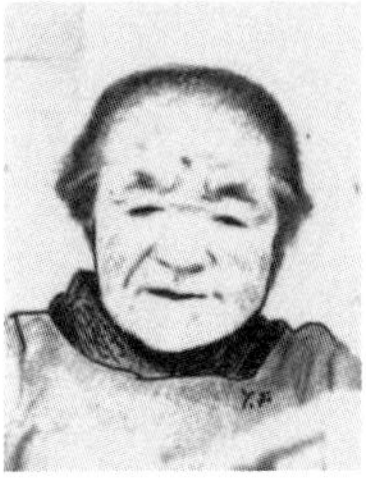
千葉　あやの

「むかしのまんま、むかしのまんま」

のどかに、歌うように話していたのは、藍染という伝統的な手仕事でただ一人、人間国宝に選ばれた千葉あやの。

初代千葉あやのは、一八八九年（明治二十二）十一月、栗原郡文字村荒屋敷（現在の宮城県栗原市栗駒文字）に住む佐藤善三郎の七番目（三女）の子どもとして生まれる。一九八〇年（昭和五十五）、九十一歳で亡くなるまで、機を織り、藍を染め続け、まさに生涯現役を貫いた。その技は、二代よしのに引き継がれ、三代は孫嫁のまつ江、そしてひ孫の正一が現在四代目を継いでいる。

幼いころから頭が良く、手先が器用な娘と近所の評判だった佐藤あやのが、千葉本家・彦右衛門の養子・由之助に嫁《とつ》いだのは、一九〇九年（明治四十二）、あやのがまだ十九歳の頃である。その頃は、子どもをたくさん生むことに加え、

▼藍染（あいぞめ）
植物の藍から取った染料で布地を染めること。深みのあるブルーが多い。インディゴ。

▼人間国宝（にんげんこくほう）
重要無形文化財保持者の通称。二〇二〇年十二月一日まで三百七十一人（延べ三百七十四名）が人間国宝に認定され（死亡後は解除される）、二〇二一年二月一日時点で百十一人（延べ百十二名）が生存。

▼機（はた）
織物をつくる手動の機械。織機（しょっき）。

▼織り（おり）
経糸（たていと）と緯糸（よこいと）を組み合わせて機（はた）にかけて布地にすること。

▼藍（あい）
藍は、タデ科イヌタデ属の一年生植物。学名は「Persicaria tinctoria」。別名は、タデアイ、アイタデ。中国東部、朝鮮、日本などで青色の染料として用いられてきた。化学合成したインディゴ染料が発明されて以降は合成インディゴが工業的によく用いられているため、染料用途で用いられることは少なくなった。国内では徳島県で生産される「阿波藍」が有名。

▼裁縫（さいほう）
布地を裁って衣服の形に縫い上げること。針仕事。おはり。

▼野良着（のらぎ）
農作業の際に着る衣服。

▼手甲（てっこう）
手の甲を覆い、保護するもの。武装用の手甲の多くは皮革製で、労働用・旅行用のものの多くは紺色の木綿で作られる。

▼脚絆（きゃはん）
旅行や作業用の足ごしらえとして、脛（すね）に巻き付けてひもで結ぶ細長い布。はばき。

機織りと裁縫がよく出来ることが、〝良い農家の嫁〟になるための大切なことだったという。現代の価値観とは大分異なっているものの、多くの働き手を必要とした当時の農村では〝子だくさん〟が当たり前のことであった。

さらに地域の家々のほとんどが農家という文字村だから、当時は野良着でも手甲でも脚絆でも、藍染で自分や家族の仕事着を作ることは、女としての大切な仕事であった。特に藍が珍重されたのは、藍の成分に虫除け効果があったからだという。

ところで、この藍染の技法は、元々平安時代に中国から日本に伝わった。宮城県北西部、栗駒山の山麓《さんろく》に広がる文字地区は、標高が四百㍍近い山間部で、千葉家以外にも、何軒か代々染め物を生業《なりわい》にしてきた農家があった。しかし、昭和二十年代半ば頃には、千葉家を残して他の農家は染め物を止めてしまい、藍染技法の伝承は、風前《ふうぜん》の灯火《ともしび》となっていた。当時は日本が高度経済成長に向かう過渡期であり、安価な化学製品の繊維や染色技法の普及により、大量生産の時代が到来する頃である。

しかし、そんな折、藍染にとって奇跡的に幸運な出来事があった。伝統技法としての藍染の調査が行なわれることになったのである。この調査が切っ掛けとなり、日本国内に残っている最も古い手法の藍染伝承者であることが認められ、あやのは国の重要無形文化財保持者（人間国宝）に選ばれた。

特別な染め方「正藍冷染《しょうあいひやぞめ》」

では、栗駒地域に残っていた藍染のどんな点が特別な染め方だったのだろうか。藍染は一般的には藍という植物を育て、その葉を乾燥・発酵させて染色を行なう草木染めのことである。一般的な草木染めは、植物の枝や皮などを煮出して色素を取り出し、染める際も火で温めながら布や糸を浸すので、季節に関係なく、一年中、染めの作業を行なうことが出来る。

しかし、千葉家の藍染は、初夏の限られた時期に、熱を加えることなく、植物を自然発酵させて色を取り出すことが、他の草木染めとは異なる点である。全国にある藍染の中でも、千葉家の方法は、特別なものとして、「正藍冷染」と呼ばれる。（人間国宝の登録名は「正藍染」）

「正藍染」の看板

▼重要無形文化財保持者（じゅうようむけいぶんかざいほじしゃ）
芸能・工芸技術など、無形の文化所産で、歴史上・芸術上価値があるものを正しく体得し、またそれに精通していると文化財保護審議会が指定した人。

▼発酵（はっこう）
細菌の酵母などの微生物が、炭水化物・タンパク質などの有機化合物を分解し、アルコール・有機酸・二酸化炭素などを生成すること。またはその現象。酒・納豆・味噌・しょうゆ・パン・チーズ・キムチなど幅広い食品や調味料の製造に利用される。近年は発酵食品が健康志向の高まりからブームとなっている。

▼正藍冷染（しょうあいひやぞめ）
千葉家の藍染は、登録商標として「正藍冷染」の名称が用いられている。

▼正藍染（しょうあいぞめ）
栗駒文字の正藍染は、気温が上がって藍の発酵が自然にすすむ時期を待って、初夏の限られた期間だけに染の作業を行なう。自ら種を蒔いて蓼藍を収穫し、自ら麻を植えて糸を

編み、それを織りあげて麻布を作る。自然発酵させた藍に混ぜる灰もすべて自家製である。正藍染は、千葉家だけがその技術を伝えている。

▼二迫川（にはさまがわ）
栗駒山を水源にした一級河川。宮城県には北上川の支流・迫川のさらに支流として「一迫川」「二迫川」「三迫川」がある。

▼天日（てんぴ）
太陽光。日光。

▼お浸し（おひたし）
ホウレン草や小松菜などの葉物野菜を湯がいたもの。和食の副菜としてポピュラーなおかず。

▼臼（うす）
杵（きね）を用いて餅をついたり、穀物を砕いたりするのに使う生活用具。木製や石製のものがあり、多くは円柱の上面を半円形にえぐって作られている。

▼藍玉（あいだま）
藍の葉を刻んで発酵させたものを乾燥させ、団子状に固めた藍染の原料。正藍。

栗駒山麓にある栗原地域は、平野部よりは厳しい気候で、ようやく外気温が上がる六月から七月頃のわずか一ヵ月半の間にしか染色作業が出来ない。気温が低い冬場には発酵が進まない。そのため、天候や気温に大きく影響されることもあり、大変な手間がかかる。さらに驚くことに、藍を育てることからすべての作業を自分の家で、しかもたった一人で行なっていたという。千葉あやの染め方や藍染の作品は極めて価値があるものとして高く評価された。

それでは、千葉あやのの時代に戻ったつもりで、彼女の一年間のスケジュールを見てみよう。

栗駒山にまだはっきりと雪が残る四月。雪解け水が流れる二迫川の畔《ほとり》にあやのが住む家がある。その周りに田植えよりも早く藍の種を蒔《ま》くことからあやのの仕事が始まる。八月と九月になると育てた藍を刈り取り、葉を天日で乾燥させる。乾燥させた藍を手で揉《も》み、再び天日で乾燥させて冬場の作業に備える。

厳しい寒さの中、三ヵ月ほどかけて発酵させ、見た目はお浸しのようになった葉を臼でついて潰《つぶ》し、白玉のように丸めて「藍玉」を作る。これを使って染水を作り、ようやく次の年の六月からの作業に繋《つな》げる。

▼山辺知行（やまのべ・ともゆき）（一九〇六～二〇〇四）
染織研究家。東京帝室博物館、のち東京国立博物館に勤務。退官後、多摩美術大学教授、遠山記念美術館館長などを務めた。日本、インド、インドネシアの染織品・人形のコレクターでもある。

代々藍染の技を受け継いできた千葉家の女性たち（上）乾燥した藍の葉を臼と杵でつく作業（右上）栗駒の山々（右下）

二迫川の清流が生み出す藍色

染めるための麻布織りも、植物の麻を自分で育てることから始まる。四月に種を蒔《ま》いて、七月に収穫した麻を乾燥させ、繊維から糸にして布地として織り上げていく。こうして丁寧《ていねい》に織り上げた麻布は、藍の染水に浸《ひた》す作業を繰り返し、時々風に当てながら綺麗《きれい》な藍色になるよう仕上げていく。さらに、欠かせない作業が二迫川の水で余分な青い染料を洗い流す工程だ。冷たい川の水で洗えば洗うほど、美しい藍色に変化していくのだという。

このように、「正藍冷染」の技法を代々受け継いできた千葉家の人々は、天候や気温に合わせながら一年を過ごし、藍染作業に携わってきた。

戦後間もない昭和二十年代の半ばである。ある日、東京国立博物館に務めていた山辺知行が、あやのの藍染を知り、千葉家を訪ねてきた。それから五年後の一九五五年(昭和三十)、染色の歴史の中で貴重な技術であることが認められ、藍染の世界でただ一人、人間国宝の指定を受けたのであった。

▼**米櫃（こめびつ）**
米を入れて保存しておく箱。容器。

▼**ひ孫（ひまご）**
孫の子。ひいまご。

▼**伝承（でんしょう）**
古くからの技や文化を受け継いで、次世代に伝えていくこと。

麻布用の糸を紡ぐ様子

栗原市栗駒にある千葉家

火事で家が全焼　藍の種で再起

人間国宝に選ばれるという栄誉からわずか二年後の一九五七年（同三十二）二月十日、あやのの家から火が出て、全焼するという不運に見舞われる。仕事場も必要な道具類も材料も焼けて無くなってしまった。絶望的な思いの中、ふと懐《ふところ》に入れた手が何かを取り出した。偶然肌身離さず身に着けていた藍の種であった。さらに、近所で偶然、藍玉を入れた箱を米櫃と間違って保存していたという幸運もあった。小さな種はあやのの「希望の種」となった。近所の協力もあって、二迫川の上流に新しく家や仕事場を再建し、残った藍の種を周囲の畑に蒔《ま》いた。あやのの藍染に対する気持ちと努力が、「正藍冷染」復活に繫がった。

あやのの教えは、子や孫へと受け継がれ、地域の人々に支えられながら脈々と生き続ける。今もすべての作業をひ孫の正一さんが一人で行ない、伝承を守る。千葉家の「正冷藍染」を紹介する『むかしのまんま　むかしのまんま』という本の中で、「おっぴさんの藍の色」という記憶を語る正一さんの「おっぴさんの染める藍色は、濃い藍色の美しさだ」という言葉が印象的である。

10 谷風 梶之助（たにかぜ・かじのすけ）

全国有数の相撲県「みやぎ」

谷風　梶之助

江戸時代中期の角界で活躍した第四代横綱・谷風梶之助（たにかぜ・かじのすけ）は、仙台出身の大力士である。

谷風は、一七五〇年（寛延《かんえん》三）九月八日、陸奥国宮城郡霞目《かすみのめ》村（現在の仙台市若林区霞目・陸上自衛隊霞目飛行場東隣付近）の農家に生まれた。本名は金子与四郎。享年四十六歳。

仙台に巡業に来た江戸の力士に、恵まれた体格が目に留《と》まってスカウトされ、一七六九年（明和《めいわ》六）に初土俵を踏んだ。その後、めきめきと頭角を現して階級を上げ、その活躍ぶりから「前に谷風なく、後に谷風なし」とまで言われ、実質的には初代横綱と見なされるまでになる。実質的に、というのは、谷風の前に横綱になったとされる初代から三代までが、伝説的な存在であり、その活躍に史実的

▼横綱（よこづな）
白麻で編んだ太い綱に四手／垂（しで）を五本前後たらしたもの。この横綱の化粧まわしの上から腰に締めることを許された力士を横綱と呼び、一九〇九年（明治四十二）からは相撲取りの最高位となれ、今に至っている。

▼巡業（じゅんぎょう）
巡った先々の土地で興行すること。特に大相撲の巡業が知られる。劇団が公演を行ないながら地方を回ることも巡業である。

▼小野川喜三郎（おのがわ・きさぶろう）（一七五八～一八〇六）
江戸時代中期の大相撲力士。近江国（現在の滋賀県）滋賀郡大津京町出身。本名は川村喜三郎、養子になって小野川喜三郎となる。谷風梶之助とともに寛政期の勧進相撲の繁栄に貢献した。

な裏付けがないことなどが挙げられる。

デビュー後の谷風は、連戦連勝を重ねて、圧倒的な強さと人気を誇った。そのため、一七八二年（天明《てんめい》二）二月、後の第五代横綱・小野川喜三郎が谷風の連勝を六十三で止めた際には、一大ニュースとして国中が大騒ぎになったという。一七八九年（寛政《かんせい》元）には、その小野川とともに横綱免許を得ているが、「第四代横綱」とされるのは、明治に入ってからのことである。

なお、当時の横綱は、現在のような番付の最高位ではなく、名誉称号であり、番付の最高位は大関であった。

横綱谷風は、絶大な人気を誇り、今でも力量・人徳に優れた横綱の鑑とされるが、一七九五年（寛政《かんせい》七）二月二十七日、流行性感冒《りゅうこうせいかんぼう》、つまり今で言うところのインフルエンザで、四十五歳の若さで歿《ぼっ》した。まだまだ現役力士であり、その後も一層の活躍が期待されていた中での悲劇だった。江戸勧進相撲の黄金時代を築いた最大の功労者であり、今もなお、全国有数の相撲県としての「みやぎ」が誇る、角界の大スターであった。なお、ここで紹介している「仙台の谷風」は二代目で、初代は「讃岐の谷風」とする説もある。

▼横綱免許（よこづなめんきょ）
当時は、相撲神事の家元である吉田家が免許を授与することになっており、特に「横綱免許」は神事を司る五条式部家の許諾が必要で、しかも吉田家の主家である肥後細川候から許諾を得なければならなかったという。近年は名誉称号の意味合いが強くなり、本場所の成績による免許と認識されている。

▼鑑（かがみ）
規範とするもの。模範。

▼勧進相撲（かんじんずもう）
寺社・仏像の建立・修繕などのために寄付を募る「勧進」を目的にした相撲の興行。

▼角界（かっかい）
相撲の業界。

▼讃岐の谷風（さぬきのたにかぜ）（一六九四〜一七三六）
陸奥国刈田郡宮村（現在の宮城県蔵王町）出身。初代・谷風梶之助（本名は鈴木善十郎）。十七歳で大相撲に入り、讃岐高松藩松平家のお抱え力士だったことからこう呼ばれる。最高位は大関。

▼**荒町毘沙門堂（あらまちびしゃもんどう）**
真言宗智山派の仏教寺院。江戸時代初期の仙台城下町と若林城下町との境界にある。境内の毘沙門天は、一般に満福寺も含めて「毘沙門堂」と呼び親しまれている。

▼**大崎八幡宮（おおさきはちまんぐう）**
仙台市青葉区八幡にある神社。社殿は国宝に指定されている。

▼**仙台東照宮（せんだいとうしょうぐう）**
仙台市青葉区東照宮にある徳川家康をまつる神社。一六五四年（承応三）に仙台藩二代藩主・伊達忠宗が創建した。

▼**秀ノ山（ひでのやま）**
秀ノ山雷五郎。気仙沼出身。一八四六年（弘化三）、三十九歳で吉田家より第九代横綱の免許を得る。生涯成績百二十三勝三十敗三十八引き分け。

▼**立行司（たてぎょうじ）**
大相撲の行司で最高位のもの。

▼**雷電為右衛門（らいでん・ためえもん）**
（一七六七～一八二五）
江戸後期の力士。信濃国（現在の長野県）生まれ。二代目谷風の内弟子となる。不世出の強力で、幕内通算二百五十四勝十敗の成績を残した。

荒町毘沙門堂の勧進相撲

仙台市若林区の荒町商店街の一角にある毘沙門堂では、藩政時代、大崎八幡宮（青葉区）や仙台東照宮（同）の祭礼に合わせて芝居や相撲の興行が許されていた。中でも相撲興行が盛んで、その縁もあって、境内には秀ノ山の供養碑や、仙台出身の立行司・六代目式守伊之助の墓が建っている。相撲に関係するものが集まった場所と言える。

この荒町毘沙門堂《びしゃもんどう》を会場とした興行で最もにぎわったのは、一八〇四年（文化《ぶんか》元）六月、史上最強の力士と言われた雷電為右衛門を主役とした〝一大イベント〟で、東北一円で開催された巡回興行の一部として企画された。六月一日から始まった取り組みは、スター力士・雷電が出場するというので大きな評判を呼んだこともあり、十日間で一万九千人もの観客が集まったという。

この時の木戸銭（入場料）は百五十文。一文が現在の価値で二十円に相当するとすれば、三千円ほどになる。結果的に、興行主の取り分や諸経費を除いた

▼**尊崇（そんすう）**
尊び、あがめること。
▼**注連縄（しめなわ）**
神道における神祭具で、糸の字の象形を成す紙垂をつけた縄。神聖な区域とその外とを区分するための標識。神前または神事の場に不浄なものの侵入を禁ずる印として張る縄。
▼**糸（いと）**
絹や麻、綿、毛などの繊維を細長く引き伸ばして、よりをかけたもの。
▼**紙垂（しで）**
紙で作られており、縄から垂らして神聖な区域との境界を示すために用いられる。

江戸時代の相撲の様子（寺社の境内）イメージ（著者）

としても百三十二両という収益が上がったという。お金の話ばかりで恐縮だが、一両が十万円として計算すると、千三百二十万円にもなる。

雷電一行は、この時既に故人となっていた谷風やその師匠だった関ノ戸億右衛門（現在の岩手県一関市花泉出身）の供養料として、十両（現在の価値で約百万円）を寄進したという。

昔も今も、谷風は力士にとって尊崇すべき大横綱であったのである。（河北新報・菅野正道氏記事参照）

注連縄《しめなわ》は神祭具

ここで、横綱と言えば注連縄をした姿と土俵入りを連想するが、この注連縄について少し学んでみたい。古来より神道では、神聖な区域とその他の区域を区分するための「標識《しめ》」として、糸の字の形の紙垂を付けた縄や、下に

仙台市青葉区勾当台公園に立つ谷風像（写真・著者）

七本、五本、三本の藁《わら》を垂《た》らした縄が神祭具とされており、それを注連縄《しめなわ》と称している。つまり、注連縄は神域《しんいき》と現世《げんせい》を隔てる結界《けっかい》の役割を果たしており、現代でも社《やしろ》の周《まわ》りやご神体となっている巨木や大岩の周囲を縄で囲い、その中を神域としている場合が多い。さらに、注連縄には厄や禍を祓ったりする意味を持つ。（『歴史研究』第七〇二号・渡邊洋一氏記参照）

中世以降、五穀豊穣を祈った〝独り相撲〟などの神事が行なわれるようになると、神様と相撲を取る土俵は〝神域〟と見なされ、四方《しほう》に注連縄が張られるようになった。その後、神事相撲《しんじずもう》と一線を画していた江戸勧進相撲《えどかんじんずもう》の興行が黄金期を迎えた宝暦《ほうれき》～元禄《げんろく》の頃（一七五〇～七二年頃）、神社仏閣の神事相撲（奉納相撲）に駆《か》り出された幕内力士が、注連縄を腰に締めて土俵入りすることを「厄《やく》払《ばら》いされた」と見なされるようになったという。

さらに、幕内力士の土俵入りの際に、神事相撲の名残りとして、張った土俵の注連縄《しめなわ》（横縄）を、東西のその興行の最強力士（大関・関脇）がまとって土俵入りを行なうようになった。

▼厄（やく）
くるしみ。わざわい。災難。

▼禍（わざわい）
災い。傷害や疫病、天変地異、難儀などを被ること。

▼祓（はらい）
はらうこと。災害や汚わい、罪障などを除き去るために行なう神事。

▼五穀豊穣（ごこくほうじょう）
穀物がよく実ることを願うこと。

二代目谷風の墓（仙台市若林区霞目）（写真・筆者）

谷風は〝免許〟小野川は〝證状〟

興行としての相撲を、天明の大飢饉以降、沈滞した社会の活性化に繋げようと目を付けたのが、時の老中首座・松平定信であった。定信は勧進相撲の興行を将軍上覧で行なうよう企画し、一七九一年（寛政《かんせい》三）六月十一日に江戸城吹上（現在の皇居吹上御所付近）に第十一代将軍・徳川家斉を迎えて開催した。横綱の土俵入りを上覧相撲の目玉として利用するため、当時最強といわれた谷風・小野川両力士に横綱免許を与えるという布石《ふせき》を打った。この巧みな施策《しさく》もあって、上覧相撲は大当たりし、ますます相撲人気が高まった。

定信自身も熱心な相撲ファンであり、谷風・小野川の横綱推挙は当然と思われるが、これには裏話がある。横綱免許は、谷風が「免許」、小野川が「證状」となっており、当時の資料によれば、内容も異なっている。定信は当初、谷風にのみ、横綱免許を与えようとしたが、小野川を抱える久留米藩の有馬侯がこれを知って憤慨し、二人に横綱免許を与えることになった、とする説もある。なお、初代明石から三代丸山まで、横綱免許が認められていたかは定かでない。（『歴史研究』・渡邊洋一氏記参照）

▼飢饉（ききん）
冷害や台風などで農作物が実らず、食料が極端に不足して飢えること。

▼松平定信（まつだいら・さだのぶ）（一七五九～一八二九）
江戸後期の幕府老中。奥州白河藩主。寛政の改革を断行した。

▼上覧（じょうらん）
将軍など貴人が相撲などの興行を見物すること。

▼徳川家斉（とくがわ・いえなり）（一七七三～一八四一）
江戸幕府の第十一代将軍。御三卿である一橋治済（はるさだ）の子。

▼免許（めんきょ）
本来は茶道、華道、日本武術、日本舞踊、能、狂言、軍学などの流派で、師匠が弟子に一通りの内容を伝授すること。または伝授に際して与えられる許し状（ゆるしじょう）。

▼證状（しょうじょう）
ある事実を証明するための文書。

▼久留米藩（くるめはん）
筑後国の久留米城（現在の福岡県久留米市）に藩庁を置いた藩。一六二〇年（元和六）以降、幕末まで有馬家が藩主を務め、二十一万石を領した。

11 齋藤 眞（さいとう・まこと）

脳神経外科の道ひらく

齋藤　眞

我が国の脳神経外科の道を開いた齋藤眞（さいとう・まこと）は、一八八九年（明治二二）、志田郡敷玉村青生《しだぐんしきたまむらあおう》（現・宮城県遠田《とおだ》郡美里町）に医師の子として生まれる。

「これが人間の頭の骨か……」。医学に興味があった幼い眞の目は、初めて見る頭蓋骨に釘付《くぎづ》けになった。ある日、戦争に行った医師である父から、銃で頭を撃たれて死んだ兵士の頭蓋骨が送られてきた。

戦争から帰った父は眞に、「頭の怪我の治療は遅れている。これからは頭の研究が大切だよ」と話した。それからの眞は、人の体の中でも、特に頭への関心を深め、本物の頭蓋骨を傍《かたわ》らに置きながら医師になるための勉強に励んだ。

▼脳神経外科（のうしんけいげか）
脳や東部の病気やけがに対して、手術などで治療を行なう医学の分野のこと。

▼美里町（みさとまち）
二〇〇六年（平成十八）に遠田郡小牛田町と南郷町が合併してできた町。当初は涌谷町を含めた三町による合併を目指していたが、涌谷町の離脱によって二町だけの合併となった。三町合併による新しい市の名称は「遠田市」だった。人口は二万三三五二人（二〇二二年）。

▼頭蓋骨（ずがいこつ）
頭部の骨。脳を内包しているため、重量があり、強固な構造になっている。

第二高等学校（現在の東北大学の前身）、東京帝国大学医学科（現在の東京大学医学部）を卒業して、念願の医師になると、眞は大学の外科に勤《つと》め、治療と研究の道を歩み始めた。

その一年三ヵ月後には、愛知県立医学専門学校（現在の名古屋大学医学部）の講師となった。この時の眞はまだ二十七歳で、当時には考えられない若さでの就任だった。しかし、若くして教壇に立った眞への同僚たちの態度は冷たいものだった。

眞とすれ違っても挨拶《あいさつ》もせず、陰では悪口を言うという始末だった。その上、学生たちの多くは、授業に真剣に参加しないばかりか、野次を飛ばすこともあったという。

「医者になったばかりのお前に何が分かる」

「俺たちより年下のくせに。偉《えら》そうに授業するんじゃない」

そんな声が眞の耳に入るようになる。

眞は悩んだ。うまくいかないのはなぜか。どうすればよいのか。考えても考えても、答えは見つからなかった。

▼就任（しゅうにん）
役に就くこと。

▼第二高等学校（だいにこうとうがっこう）
一八八七年（明治二十）四月に仙台市に設立された旧制高等学校。略称「二高（にこう）」と呼び親しまれた。戦後は新制東北大学へと引き継がれた。

▼東京帝国大学医学科（とうきょうていこくだいがくいがくか）
東京大学医学部の前身。一八五八年（安政五）に大槻俊斎らが東京の神田お玉ヶ池に開設した種痘所が起源。たびたび名称を変え、現在の東京大学医学部の名称となったのは戦後の一九四七年（昭和二十二）である。

▼愛知県立医学専門学校（あいちけんりついがくせんもんがっこう）
愛知県名古屋市にあった公立の医師養成機関。県立愛知医科大学→官立名古屋医科大学→名古屋帝国大学→名古屋大学と名称が変わった。

▼専念（せんねん）
ある一つのことだけを熱心にすること。
▼没頭（ぼっとう）
一つのことに専念すること。
▼頭蓋（ずがい）
ずがいこつ、とうがい。
▼留学（りゅうがく）
よその土地、特に外国に在留してその国の先進的な文化や芸術、医学や理工学など、さまざまな学問・実務的な技術などを学ぶこと。公費による留学、自費による留学がある。

講演する斎藤眞

自費で欧州へ留学

しばらくすると眞は、仕事の合間の休憩時間も惜しんで研究に専念し始めた。一人研究室に閉じこもり、読書や研究に没頭した。東京で重要な手術がある時には、仕事が終わると夜行列車で上京し、手術が終わるとすぐ名古屋に戻って病院の仕事と授業、研究を行なうという多忙な生活を続けた。

このような眞の姿は、同僚や生徒たちの気持ちをすこしずつ変えていった。次第に同僚や生徒から受け入れられるようになった眞は、二年後に教授に昇格し、外科部長にも任命された。

医師として高い地位に就いた眞だったが、その胸中は満たされていた訳ではなかった。幼いころから興味を持っていた脳神経外科を学ぶことが出来ていなかったのである。当時の日本では、頭蓋を手術するということはまだ一般的ではなく、頭部に怪我《けが》をすると、そのまま命を失うことがほとんどだった。

眞は、脳神経外科を日本に広め、たくさんの命を救いたいという思いを常に抱いていた。そのために、当時の医学の最先端であるヨーロッパに留学することを決意する。このことを学校長に相談すると、「きみは外科部長になってまだ間もない。留学は許可することは出来ない。留学の費用も一切、出すことは出来ない」と反対されてしまった。

それでも、眞は諦《あきら》めなかった。少しでも早く外国の進んだ医学を学ぶことこそ、今の自分が一番しなければならないことだと強く確信した眞は、苦労の末に築き上げた教授と外科部長の地位を捨て、自費でヨーロッパへ留学することを決心する。横浜港から船で旅立つ眞への見送りは少なく、寂《さび》しいものだったが、眞の顔には少しの曇りもなかった。その視線は真っすぐに前を向き、遥《はる》かな水平線の先を見つめていた。この時、眞は三十歳になっていた。

戦争の爆撃で病院も灰に

ヨーロッパに渡った眞は、ウィーン大学、ベルリン大学、パリ大学という各国を代表する大学で二年間、脳神経外科の知識を学んだ。ひたむきに勉強に励んだ眞は、ヨーロッパの進んだ技術を瞬《またた》く間に吸収した。その真摯な取り組みが認められて、所属する愛知医科大学（現・名古屋大学医学部）からさらに二年間の留学延長を認められた。学費が私費ではなく、大学負担となったの

▼自費（じひ）
個人で支払う費用。自己負担。自費留学、自費診療など。

▼横浜港（よこはまこう）
神奈川県横浜市にある国内有数の港湾。日本と北米と結ぶ太平洋航路（米国西海岸のシアトル、サンフランシスコ、カナダ西海岸のバンクーバーなどと結ぶ）、英国やフランスなど西欧と結ぶ欧州航路が発達した。中でも欧州航路は、上海、シンガポール、インド、セイロン、スエズ運河などアジア・アフリカ諸国を経て、フランスの地中海沿岸にあるマルセイユまで、およそ一カ月半もかかる長い船旅だった。

▼真摯（しんし）
ひたむきでまじめなさま。真摯な態度、真摯な眼差し。真摯な姿勢。

▼脳腫瘍（のうしゅよう）
脳および脳膜に発生する腫瘍の総称。頭痛・嘔吐（おうと）・めまい・痙攣（けいれん）・麻痺（まひ）・視力障碍などの症状のほか、腫瘍の種類や部位によって特有の神経症状を現すことがある。

空襲で焼失した名古屋大学病院

▼空襲（くうしゅう）
航空機から機関砲や爆弾、焼夷弾、ミサイルなどで地上の目標を攻撃すること。第二次大戦では、東京、大阪、名古屋、仙台など主要な都市が空襲を受け、多くの犠牲者を出した。名古屋空襲はB29などによる六十回以上の攻撃が行われ、七千人を超える犠牲者を出した。一九四五年（昭和二〇）年五月十四日の空襲では、城郭として国宝第一号だった名古屋城が焼失した。

は当然である。四年間にわたる留学で最先端の技術と知識を身につけて帰国を果たした眞は、日本の脳神経外科の技術を、何としてもヨーロッパ並みに引き上げなければならない、という強い思いを持って仕事に取り組んだ。朝早くから夜遅くまで、たくさんの仕事をこなしながら、脳腫瘍の診断と治療や脳のレントゲン撮影など、次々に自分の研究の成果を世界へ発表し、脳神経外科という新しい分野の開拓を進めていった。

一九四一年（昭和十六）、太平洋戦争が勃発した。眞がいた名古屋も、度重なる爆撃により多くの死傷者が出ていた。眞は空襲の中を駆け回りながら、一人でも多くの命を救うべく、懸命に救護に当たった。そうした中、勤務していた病院の建物が被災、さらに自宅も灰燼《かいじん》に帰した。疲労で体をこわすこともあった。それでも、休むことなく、傷ついた人々の治療に当たる眞であった。

一九四五年（昭和二十）八月、日本の敗戦で戦争が終わった。眞が勤務していた名古屋大学病院も大変な被害を受け、それまで整備してきた施設や設備、研究を進めるための資料など、すべてが灰になってしまった。（これではもう、患者を救うことは出来ない……研究も続けられない……）病院関係者が皆、呆《ぼう》

現在の名古屋大学附属病院（名古屋市昭和区鶴舞町）

齋藤　眞

然《ぜん》としていたその時、眞はつぶやいた。「なに、初めからやり直せばいい」一面の焼け野原となった病院の跡地を前に、つぶやいたその一言には、強い決意が込められていた。

日本脳神経外科学会を設立

一九四六年、眞は名古屋大学病院の院長となり、復興のために懸命に働いた。患者の治療、学生や後輩医師の指導、自分の研究に加え、病院の設計図を描き、施設・設備の検討までこなした。日本が戦争から立ち直るためには、自分の病院のみならず、全国の病院が復興しなければならないと考え、全国を飛び回って支援金集めに奔走《ほんそう》した。この眞の活動により、全国各地の病院の復活に弾みがついた。

一九四八年（昭和二十三）には、念願だった日本脳神経外科研究会（現在の日本脳神経外科学会）を設立し会長に就任。この研究会の発足により日本の脳神経外科は大きな進歩を見せ、多くの人命が救われた。幼い頃から描いていた眞の思いが、ようやく実現に至った瞬間だった。（『未来の架け橋』宮城県教育委員会編参照）

12 小牧　正英（こまき・まさひで）

日本で本格的バレエを始めたパイオニア

小牧正英（こまき・まさひで）は、一九四六年（昭和二十一）、日本で初めて「白鳥の湖」を全景上演したバレエダンサー・振付師であり、日本において本格的なバレエを始めたパイオニアである。

一九一一年（明治四十四）、岩手県江刺《えさし》郡岩谷堂《いわやどう》町（現在の奥州市江刺）に、父・榮松、母・みよしの、七人兄弟の長男として生まれた。本名は菊池榮一。「小牧正英」は上海在住時代に付けた芸名である。生家は菊榮商店といい、味噌・醤油・酢の製造・販売業を営んでいた。二〇〇六年（平成十八）没。享年九十五歳。

幼少の頃は、岩谷堂にあったメソジスト教会系の幼稚園に入園し、賛美歌に親しんでいた。この頃の遊び場は、家の近くにある愛宕《あたご》神社の境内。気性《きしょう》は負けず嫌いであったという。

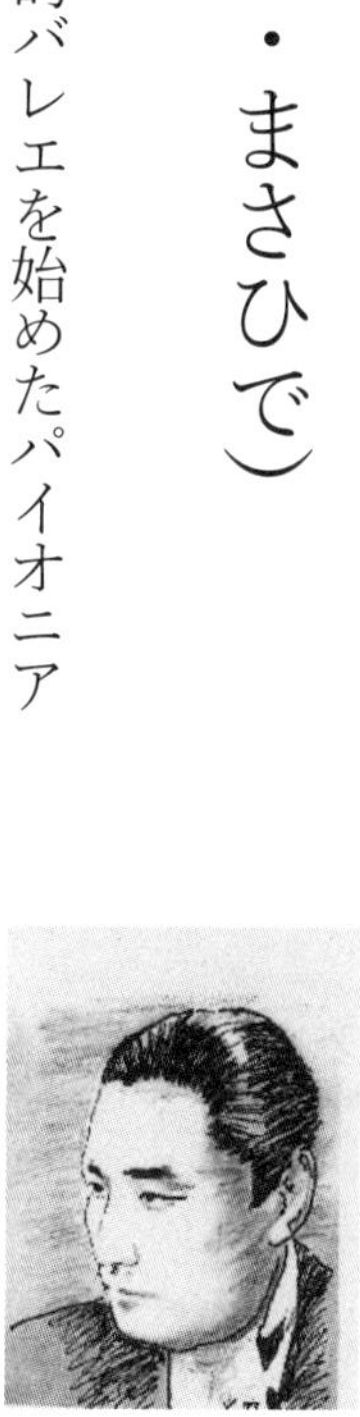
小牧　正英

▼白鳥の湖（はくちょうのみずうみ）
チャイコフスキー作曲のバレエ音楽、それを用いたバレエ作品。四幕。一八七七年、モスクワで初演。王子ジークフリートと、魔法により白鳥の女王に変えられたオデット姫の物語。クラシックバレエのうちで最も広く愛好されている。これから編曲した演奏会用の組曲がある。

▼バレエ
多くの独舞・群舞によって物語を進行させ、歌詞・台詞（せりふ）を使わない舞台舞踊劇。十四～十五世紀にイタリアで生まれ、十六～十七世紀にフランス宮廷で発達。オペラ中にも採用され、後に音楽伴奏・背景を伴う舞台舞踊として独立した。

▼パイオニア
先駆者。開拓者。

一九一八年（大正七）、岩谷堂尋常《じんじょう》小学校に入学。この頃から抜群の運動神経を発揮し、運動会の徒競走では常に先頭でゴールを切った。秀《ひい》でていたのは運動能力ばかりではなかった。絵画コンクールで入賞するなど、図画工作でも特異なセンスを見せた。この頃から一人で絵を描くことが多くなり、絵画の才能を伸ばそうと、一度は画家を志《こころざ》すほどだった。結局、画家になる夢は実現しなかったが、絵画はその後も継続し、生涯の趣味となった。

高等科の卒業を控えた十四歳の春である。個人商店の長男として生まれた立場では、一般的には小学校の高等科を卒業すれば家業を継ぐのが当然、という時代である。正英の両親もそう考えていたはずだった。ところが、正英の気持ちは違っていた。自分は長男ではあるものの、このまま家業を継いで一生をこの町で過ごす気にはどうしてもなれなかった。

一九二八年（昭和三）、十六歳になった正英は、意を決して上京。創立間もない目白商業学校に進学する。学生時代は、子どもの頃から好きだった絵画の道に憧れを持つ一方で、芸人にも関心を抱いていたという。

▼メソジスト
キリスト教プロテスタントの一派。

▼賛美歌（さんびか）
キリスト教で神または救い主を賛美する歌。

▼境内（けいだい）
寺社の境域の内。

▼高等科（こうとうか）
戦前の学校教育課程にあった。旧制の尋常高等小学校で、高等小学校に相当する教育を行った課程。

▼目白商業学校（めじろしょうぎょうがっこう）
一九二三年（大正十二）研心学園として東京都新宿区に創設。一九二九年（昭和四）目白学園・目白商業学校を設置。二〇〇九年度（平成二十一年度）に共学化し、学校名が目白学園中学校・高等学校から目白研心中学校・高等学校に変更された。

▼尾上松之助（おのえ・まつのすけ）
（一八七五〜一九二六）
歌舞伎役者。映画俳優、映画監督。本名は中村鶴三。日本映画草創期に活躍した時代劇スターであり、日本初の映画スターといわれる。

当時の日本は、尾上松之助らチャンバラ映画のスターが活躍し、西欧ではチャールズ・チャップリンら喜劇俳優が、活劇の分野で活躍していた。特にフランスでは、短編映画シリーズの連続活劇が流行していた。情報の少ない地方から東京に出たことで、正英は華やかな芸術・文化の世界情勢を知る。

「パリに行きたい」

正英の心に宿っていた「芸術・文化」へのあこがれに灯がともった。日に日にパリへの思いが強くなっていった。その思いはついに実行に移す時が来る。大陸の満州にわたり、さらにシベリア鉄道でパリに向かうという大胆な行動に出たのだ。しかし、勢いだけでは計画はうまくいくはずもなく、鉄道に乗れず、ハルピンで足止めされてしまう。だが、このことが逆に幸運を引き寄せる結果となる。

偶然、ハルピン市にあった音楽バレエ学校の存在を知り、特例でテストを受けてみたところ、入学が許可されたのである。本来ならロシア人向けの学校であり、日本人の正英は対象外だった。一九三四年（昭和九）、正英はハルピン音楽バレエ学校バレエ科に入学した。

▼チャールズ・チャップリン（一八八九～一九七七）

イギリス出身の映画俳優、映画監督、脚本家、映画プロデューサー、作曲家で、「喜劇王」の異名でも知られる。

▼活劇（かつげき）

立回りの場面を中心とする映画や演劇のこと。

▼満州（まんしゅう）

中国東北部一帯の俗称。もとは民族名。行政上は東北三省（遼寧〈りょうねい〉・吉林〈きつりん〉・黒竜江〈こくりゅうこう〉）と内モンゴル自治区の一部にわたり、中国では東北と呼ぶ。

▼シベリア鉄道（てつどう）

ロシア帝国時代に建設された世界一長い鉄道路線。ロシア連邦南部のシベリアとヨーロッパロシアを東西に横断する。全長九二九七キロ。

▼ハルピン

中国黒竜江省の省都。中国東北部の中心都市。人口は約一千万人。近年はロシアとの交易で大きく発展している。

ロシアン・バレエ団入団

ハルピン市音楽バレエ学校では、キャトコフスカヤ女史のクラスに在籍し、本格的にバレエを学ぶ。その後の正英は、めきめき頭角を現し、本格的なバレエの技術を身に付けていった。一九三九年（昭和十四）の卒業記念公演「胡桃割《くるみわ》り人形」では、主役フリッツの役でモデルン劇場の初舞台を踏んだ。翌一九四〇年（同十五）春、巡業で上海に立ち寄っていたロシアン・バレエ団（バレエ・リュス）から招聘されて、正英は同バレエ団に入団。この後、同バレエ団の全作品に出演し、舞台経験を積んだ。一九四四年（昭和十九）には、「ペトルウシュカ」の主役をライセアム劇場で踊り、フランスの評論家・グロスボアから、その躍動感あふれる踊りと高い技術を評価された。

世界は、第二次大戦という混乱のさ中ではあったが、その後も正英の活躍は続き、「シェヘラザード」「白鳥の湖」「眠れる森の美女」「シゼル」「エスメラルダ」「胡桃割り人形」「イゴール公」「牧神の午後」「レ・シルフィード」「スペイン奇想曲」「ナルシスとエホー」「チャイコフスキー交響曲第四番」など数々の舞台で主要な役柄を演じた。

▼キャトコフスカヤ
ポーランド系ロシア人で、ワルシャワ国立バレエ団のプリマを務めた。

▼モデルン劇場（げきじょう）
戦前の中国ハルピンにあった劇場で、ホテルやレストランも備え、ハルビンの社交の中心としてオペラやバレエ、演奏会などが催された。

▼招聘（しょうへい）
人を招くこと。人を丁寧（ていねい）に招待すること。

▼ペトルウシュカ
ストラヴィンスキーが、一九一一年に作曲したバレエ音楽。バレエ・リュスのために制作した。

▼ライセアム劇場（げきじょう）
上海にある小劇場で、一九三〇年に開設された。旧フランス租界（そかい）にあった。

▼胡桃割り人形（くるみわりにんぎょう）
チャイコフスキー作曲のバレエ音楽。ホフマンのクリスマス童話「胡桃割人形と鼠（ねずみ）の王様」による。一八九二年に初演され、後に組曲化された。

戦後日本で「白鳥の湖」初公演

戦後間もない一九四六年（昭和二十一）四月、正英は幾度もの困難を乗り越えて上海から日本に帰国を果たす。その年、東京バレエ団設立に参加。八月九日、東宝が主催し、日本で初めてとなる「白鳥の湖」が帝国劇場で全幕上演された。正英は、この公演の演出・振付・指導のすべてを行ない、自身も出演した。公演は二十二日間にわたり、空前の観客動員を記録した。

その後、正英は小牧バレエ団を創設し、バレエダンサーの養成に努めながら、古典バレエの名作の数々を日本初演した。その活躍は、日本バレエの真髄を伝え、普及させる原動力となった。また、日本バレエ界を短期間で世界水準にまで引き上げる重要な役割を果たした。

多くの逸材を輩出

小牧正英が手掛けたバレエ公演は、現在

▼東京バレエ団（とうきょうばれえだん）
一九四六年（昭和二十一）から五〇年（同二十五）まで活動した日本のバレエ団体。『白鳥の湖』全幕版を日本初演し、第二次世界大戦後の日本にバレエ人気を高めた。なお、現在活動している東京バレエ団とは別団体。

▼帝国劇場（ていこくげきじょう）
東京都千代田区丸の内にある国内有数の劇場。「帝劇（ていげき）」の愛称で知られる。一九一一年（明治四十四）三月にルネサンス様式の建物が竣工。現在の建物は一九六六年（昭和四十一）に落成した二代目。

▼真髄（しんずい）
その道の奥義。

▼逸材（いつざい）
優れた人材。将来の活躍が期待される有望な人材。

白鳥の湖を踊る小牧正英

小牧バレエ団の原点となった建物

では考えられないようなロングランで行なわれた。一九五四年（昭和二十九）に日劇で上演された「火の鳥」では、ノラ・ケイが火の鳥、正英がイワン王子を演じ、二十四日間すべてが満席になるほどの人気を呼んだ。今でいうプラチナチケットであろう。当然ながら、その芸術性も高く評価され、文部大臣賞など多数の賞を受賞した。この間、谷桃子、太刀川瑠璃子ほか、日本バレエ界における舞踏家や指導者を多数輩出。演劇・映画方面でも岸恵子、十朱幸代らが、小牧バレエ団でのレッスンを経て芸能界入りし、スターの座を射止めた。

　世界最初のバレエ団、ロシアバレエ団の主宰者であったディアギレフの歴史的なバレエを継承している数少ないダンサー、小牧正英を核として、古典バレエの普及を図ろうと、一九八七年（同六十二）、小牧が名誉団長、その実弟である菊池唯夫《ただお》が団長、正英の甥《おい》の宗《そう》が副団長となり、東京小牧バレエ団として新たなスタートを切った。

　小牧バレエ団は、小牧正英の芸術的理想を継承しながら、文化・芸術の発展に寄与している。（以上、『えさしルネッサンス館・メモリアル』参照）

▼日劇（にちげき）
正式名は日本劇場。かつて東京都千代田区有楽町にあった。一九三三年（昭和八）開館、一九八一年（同五六）に惜しまれつつ閉館した。通称日劇。

▼ノラ・ケイ（一九二〇〜一九八七）
アメリカ合衆国のバレエダンサー・振付師。

▼谷桃子（たに・ももこ）（一九二一〜二〇一五）
兵庫県出身。バレエダンサー。タレント。谷バレエ団代表を務めた。

▼太刀川瑠璃子（たちかわ・るりこ）（一九二七〜二〇〇八）
東京都出身。小牧正英に師事。小牧バレエ団プリマを経て、スターダンサーズ・バレエ団創設。

▼岸恵子（きし・けいこ）（一九三二〜）
女優・文筆家。神奈川県横浜市出身。

▼十朱幸代（とあけ・ゆきよ）（一九四二〜）
女優。東京都出身。父親は俳優の十朱久雄。

▼ディアギレフ（一八七二〜一九二九）
セルゲイ・ディアギレフ。ロシアの総合芸術プロデューサー。

13 千葉 胤秀（ちば・たねひで）

一関が誇る仙台藩和算の祖

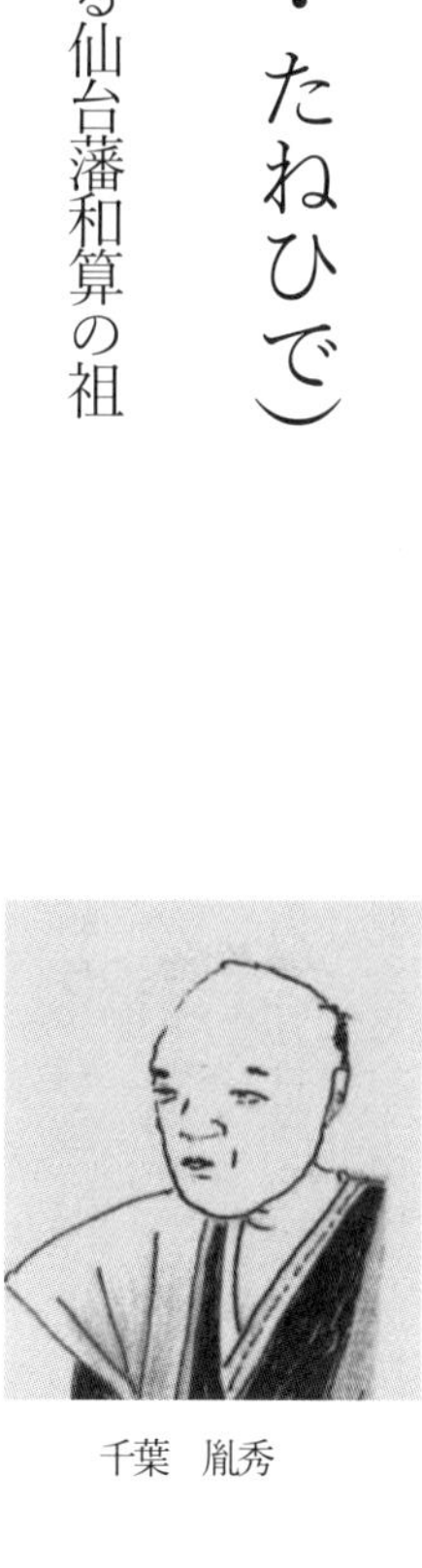

千葉　胤秀

日本一数学が盛んな地域を築いた和算家・千葉胤秀（ちば・たねひで）は、一七七五年（安政《あんせい》四）、奥州一関藩清水村（現在の岩手県一関市花泉《はないずみ》町）の農民の子として生まれた。一八四九年（嘉永《かえい》二）二月没。享年七十五歳。

鎖国下の日本で、独自に発展した数学を「和算」と呼んでいる。近世後期の仙台藩は、藩校である養賢堂《ようけんどう》での和算教育が突出《とっしゅつ》していたほか、農村部（村方《むらかた》）でも和算の浸透《しんとう》は著しいものがあった。

千葉胤秀は、老松佐野屋敷にあった千葉家の養子となり、一関藩家老で関流五伝の梶山次俊に学ぶため、七年から八年の間、毎日往復三十キロを約八時間も歩いて通い続けた。四十三歳の時、江戸に出て、関流六伝・長谷川寛に入門し、免許を取得して藩主から苗字帯刀を許された。

算術師範役となった五十四歳の時、一関城下に屋敷を与えられ、老松佐野屋

胤秀が養子に入った千葉家

▼一関藩（いちのせきはん）　仙台藩六十二万石の支藩。本藩の領内に領地を持つ「領内分家」で、三万石を与えられて成立した。

▼和算（わさん）　江戸時代に盛んになった日本独自の数学。江戸末期から日本に入ってきたヨーロッパの数学を明治期に「洋算」と呼ぶようになったため、それまでの数学を「和算」と呼んだ。

敷から移り住む。一八三〇年（天保《てんほう》元）に発刊された『算法新書』（長谷川寛閲）は、千葉が編集を担当し、和算を自学自習できるように挿絵やパズルを掲載するなど、分かりやすく工夫された優れた数学書である。

　和算が地域に普及していたことを物語る遺物として挙げられるのは、何と言っても算額であろう。算額というのは、和算家たちがその研究成果である問題と解答を絵馬に仕立てて、地域の著名な神社仏閣に奉納したものを指す。手軽に研究成果を発表できる手段として、多くの人たちの目に触れやすい場所を選んで掲げられたのである。

仙台藩内の算額は全国の半分以上

　算額自体は全国各地で見られるが、特に旧仙台藩内に多く残っており、点数では全国の半数以上が集中していると推計される。当時は、算額に掲げられた問題を集めた書籍も刊行されたりしたため、自らの研究成果を算額で発表しておけば、中央の和算家の目に留まって刊行物で紹介される可能性もあった。

　仙台藩内で特に算額が多く残っているのは、宮城県北から岩手県南の地域で

▼家老（かろう）
藩主に仕える重臣。家中の武士を統率し、家務を統括した職。一つの藩に数名おり、普通は世襲だった。

▼関流（せきりゅう）
和算の祖と言われる関孝和をルーツとするためこう呼ばれる。「算聖」の異名を持つほど、圧倒的な支持を集め、日本の数学史上で中心勢力となった。

▼梶山次俊（かじやま・つぐとし）（一七六三〜一八〇四）
江戸時代中期から後期の和算家。一関藩の家老。

▼長谷川寛（はせがわ・ひろし）（一七八二〜一八三九）
江戸時代末期の数学者、和算家。江戸出身で、号は西礀、極翁。

▼苗字帯刀（みょうじたいとう）
藩主から家の姓と大小の刀の携帯が許されること。

▼遺物（いぶつ）
普通とは違ったもの。

▼算額（さんがく）
額面題ともいい、主として木の板に描かれており、建物内や寺社の境内などに掲示された。

ある。特に旧一関田村藩領内に多く、現在の一関市内だけでも数十点もの算が確認されている。では、なぜこの地域で和算が普及したのだろうか。理由の一つとして考えられるのは、仙台藩の学問の拠点養賢堂で主流だった関流和算とはまた別のルートで、関流和算が導入されたからだという。

元々、仙台藩の支藩であった一関藩は、歴代藩主が学芸を積極的に奨励した。初代藩主の田村建顕は、天文暦学者・渋川春海の門人であったという。和算もそうした学問を重視する気風にのって導入されたと考えられる。一関藩で最初に関流の和算を持ち込んだのが家老の梶山次俊で、彼は藤田貞資の弟子として関流和算を藩内に根付かせた。この梶山に師事し、農民の身分から後に士分に取り立てられたのが、千葉であった。なお、千葉家は豪農と呼ぶにふさわしい大身の百姓だった。

版を重ねた『算法新書』と遊歴和算家

千葉は、江戸の和算家・長谷川寛の片腕となって『算法新書』の編集を担当したが、この本は、関流数学の百科事典的な内容を備えており、巻末には、主

▼絵馬（えま）
祈願や報謝のために寺社に奉納する木製の額。馬または木馬を奉納する代わりに馬の絵を描いたためこう呼ばれた。後に馬以外の画題も登場し、和算もこの一種。

▼田村建顕（たむら・たけあき）（一六五六～一七〇八）
一関藩主。石高三万石。伊達政宗の正室・愛姫（めごひめ）の生家である田村家を再興して田村右京亮となり、後に岩沼藩三万石の大名となる。一六八二年（天和二）、岩沼から一関に入部し、一関田村家初代藩主となる。

▼渋川春海（しぶかわ・はるみ／しゅんかい）（一六三九～一七一五）
江戸時代前期の天文暦学者、囲碁棋士、神道家。

▼藤田貞資（ふじた・さだすけ）（一七三四～一八〇七）
江戸期の和算家。関流四伝。武蔵国（今の埼玉県）男衾（おぶすま）郡本田村の本田家に生まれ、後に藤田定之の養子となる梶山次俊に学び、後に江戸に出て関流の長谷川寛数学道場で学ぶ。

として仙台領の千葉門下による出題が収録されている。明治になってからも再版されるほど、人気を博したという。今でいうベストセラーといったところであろう。長谷川門下の威勢を示す史料としては、門人名を列挙した『社有列名』が残されている。

この長谷川一門と仙台藩関係者の交流も密であった。例えば、長谷川寛の養子となり、二代目を継いだ弘は佐沼（現在の宮城県登米市）の出身で、千葉胤秀の推薦で長谷川に入門した人であった。ちなみに、この弘のひ孫に当たるのが、東大総長と文部大臣を務めた有馬朗人である。

さて、様々な事情で一関まで通えない門人たちがいたことは想像に難くなく、その問題を解消するために、千葉は、折を見て自ら門人たちの元に出向いて教授する「遊歴和算家」という独自のスタイルを確立した。これは、家塾に通えない門人たちに対しての配慮であり、師弟関係の厳しい当時とすれば、珍しい形であったはずである。こうした画期的な教授法を見た門下生の中には、遊歴和算を真似る者も出てきた。例えば、安倍勘司という一関の和算家は、奥州はもとより、遠く甲州（今の山梨県）まで足を延ばしていたことが知られる。千

▼**師事（しじ）**
先生としてその人に仕え、教えを受けること。

▼**士分（しぶん）**
武士としての身分。

▼**豪農（ごうのう）**
広い農耕地や山林を所有し、経済的に豊かで影響力のある農家。

▼**ひ孫（ひまご）**
ひいまご。孫の子。そうそん。

▼**有馬朗人（ありま・あきと）**（一九三〇〜二〇二〇）
日本の物理学者（原子核物理学）、俳人、政治家。大阪府生まれ。

▼**安倍勘司（あべ・かんじ）**
赤荻村（現在の岩手県一関市）出身で、関流九伝の和算家。

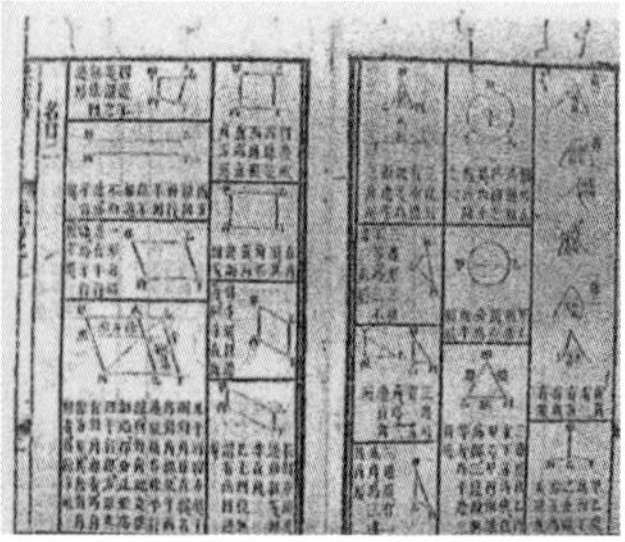
「関算四伝書」（一関博物館蔵）

▼蘭学者（らんがくしゃ）
江戸中期以降に、オランダ語によって西洋の学術を研究しようとした学者を指す。

▼大槻玄沢（おおつき・げんたく）（一七五七〜一八二七）
江戸後期の蘭学者・蘭方医・仙台藩医。江戸に出て杉田玄白、前野良沢らに医学・蘭学を学び、ついで長崎に遊学。著『蘭学階梯』など。磐渓の父、文彦の祖父。

▼キリシタン禁止令（きんしれい）
キリスト教を敵性宗教と見なし、禁圧と根絶のためにとった政策・制度と禁圧の実態を総称。豊臣秀吉が一五八七年（天正十五）バテレン（伴天連）追放令を出したのが初め。江戸幕府は一六一二年（慶長十七）禁教令を出し、以降一貫して禁制政策をとった。

「算法新書」の表紙

葉のような豪農出身の和算家という立場も全国的に珍しいものではなく、寧《むし》ろ、経済的に余裕のある層が農村にも出現し、知識人予備軍としてその存在感を高めていた。越中（現在の富山県）の石黒信由、備前（現在の岡山県）の小野光右衛門などは、千葉と同じく豪農出身の和算家であった。

和算とキリシタンの関係

一関藩に士分として取り立てられた千葉一族は、胤秀の後も和算家として職を継いでいる。幕末には藩主の御前で算術稽古《けいこ》の様子を披露した記録も残されている。さらに、明治以降も関流和算の教育を継続している。一関藩と言えば、蘭学者として知られる大槻玄沢の故郷でもあり、地元からも多数の医師が大槻の門人となり、この地域に蘭学を広めるきっかけとなっている。興味深いのは、一関藩周辺では、蘭学が広まったエリアと和算家を輩出したエリアが重なっていることだ。この地域全体が学問を愛し、広く普及していたことを示していると思うのである。

ところで、仙台藩の北部一帯では、キリシタン禁止令が出た後も、多数の隠

▼黎明期（れいめいき）
輝かしい次の時代への始まりの時期。

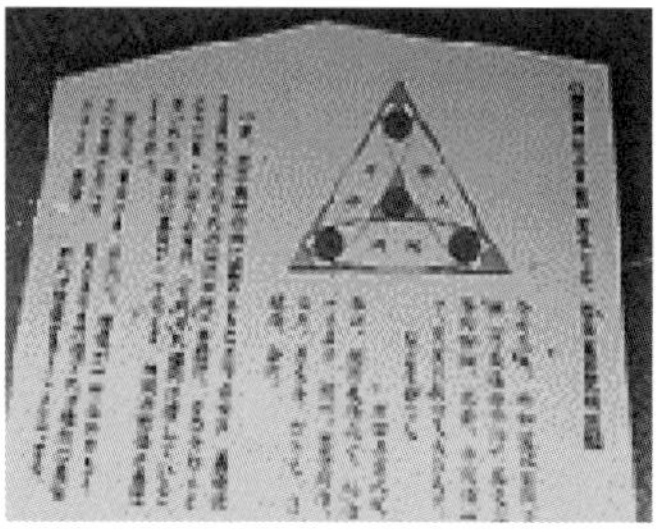

「一ノ宮（塩竈神社）奉納算額」（塩竈神社蔵）

明治45年に奉納された算額と門下生たち（一関博物館蔵）

れキリシタンが定着していたことは良く知られた話である。胤秀が養子に入った千葉家も実は隠れキリシタンであり、長期にわたって藩の監視対象だったようである。和算の黎明期に成立した史料が、隠れキリシタンの子孫に伝わる和算書（割算書）としてあり、そこにはアダムとイヴのエピソードが記されていたという。欧州から伝来したキリスト教文化の余波が、確実に東北にまで到達していたことを示す手掛かりとして興味深い話である。

仙台藩和算の明治維新直前の話題で締め括《くく》りたい。明治三年に江戸幕府はフランス政府からパリ万博への参加を打診され、幕府は主に貿易品の出品を決定する。この時、日本からの出品目録の中に「和算二点」という項目があり、その品名は『算法新書』と『算法 積通考』（一八四四年発刊）となっている。はるか海を越えて、なぜ和算書がパリ万博に出品されたのだろうか。目録だけではその理由は分からないが、日本の文字が読めない欧州の人々でも、分かりやすいイラスト入りの和算書なら、興味を持ってもらえるのではないか、と考えたのかも知れない。当時を振り返りながら、想像を働かせてみれば、面白いのではないだろうか。

14 大槻 俊斎（おおつき・しゅんさい）

苦学して医者に

大槻　俊斎

天然痘（疱瘡）が全国に広がった時、大槻俊斎は江戸で初めて子どもたちに種痘を施し、多くの命を救った。旺盛なチャレンジ精神で幕末の西洋医学界の中心人物となった。大槻俊斎（おおつき・しゅんさい）は、一八〇六年（文化《ぶんか》三）、桃生《ものう》郡赤井村（現・東松島市）の大槻家の二男として生まれる。大槻家は、仙台藩祖伊達政宗以来、白石片倉家の家臣で、分領地赤井の野谷地《のやち》を開墾《かいこん》し、田畑に仕上げてきた。なお一関の蘭学者一族、大槻玄沢らとは別の家系である。

俊斎はいつも父から、先祖が未開の土地を開拓したように、自分で切り開いていかなければならない、と言い聞かされていた。そこで俊斎は、人の役に立つことをしたいと思い、将来は医者になり、病気や怪我で苦しむ人々を救いたいと思うようになった。医師になりたいという志《こころざし》は強く、反対もあったが、兄の援助で江戸に出たのは、ドイツの医者シーボルトが来日して長崎の出島に

▼天然痘（てんねんとう）
ウィルスが原因で流行し、高熱を発する感染症。熱が引くと、顔面に発疹（ほっしん）の痕（あと）が残る。種痘が発明される前は死ぬ人も多く恐れられた。

▼疱瘡（ほうそう）
天然痘の俗称。種痘及びその痕。

▼種痘（しゅとう）
種痘ワクチンを人の体に接種し天然痘の感染を予防する方法。

▼片倉家（かたくらけ）
戦国・江戸後期の伊達家家臣。伊達政宗に近侍し、諸合戦で勲功を立てた片倉景綱（小十郎）は白石城主となる。

▼シーボルト（フィリップ・フランツ・バルタザール・フォン・シーボルト）（一七九六～一八六六）
江戸後期に来日したドイツ人医師。博物学者。滞日中は幕府の保護

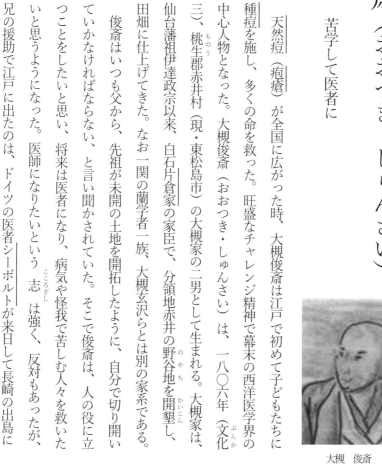

来た一八二三年（文政《ぶんせい》六）頃だった。今からおよそ二百年前のことになる。漢方医官の高橋尚斎の学僕となって苦学力行《くがくりっこう》し、認められて俊斎の名を贈られる。師の薦《すす》めで名医と評判の手塚良仙に入門、しゃにむに勉学に励む。石巻出身の蘭学者・湊長安や蘭方医の足立長雋について蘭学の指導を受ける。さらに水沢（現・奥州市）出身の高野長英と交友し、海外の事情を教えられて西洋医学への思いが高まった。

長崎へ遊学　西洋医学まなぶ

シーボルト

俊斎の力量を見込んだ良仙は、学資を援助して長崎での修行に送り出した。俊斎が三十二歳の時である。長崎では、尾形洪庵《おがたこうあん》らとニーマンの門下生となり、オランダ医学の研究に励んだ。高島秋帆に西洋兵法も学ぶ。当時、他地方から長崎への遊学生のほとんどは、洋式砲術と蘭学を学びに行っていたが、東北地方から長崎に行った六十二人は西洋医学の習得を目指していた。これは東北人の気質からか、人を助ける医学の面で多くの先人を輩出してきた。

を受け、多くの日本人に医学、自然科学を教授した。

▼手塚良仙（てづか・りょうせん）（一八二六～一八七七）
幕末から明治時代初期の医師・蘭学者。名は光亨。漫画家の手塚治虫の曾祖父に当たる。

▼湊長安（みなと・ちょうあん）（一七八六～一八三八）
陸奥国牡鹿郡湊村（石巻市湊）生まれの蘭学者。同郷の大槻俊斎と親交を持った。

▼足立長雋（あだち・ちょうしゅん）（一七七六～一八三七）
江戸後期の医者。高名な蘭方医で西洋産科の権威。丹波篠山藩医。

▼高野長英（たかの・ちょうえい）（一八〇四～一八五〇）
江戸後期の医者・蘭学者。仙台藩水沢領主の伊達家家臣。後藤実慶の三男。養父の玄斎は江戸で杉田伯元や吉田長淑に師事。長崎に留学してシーボルトの鳴滝塾で医学・蘭学をなり塾頭となる。シーボルト事件で巧みに逃れるも幕府批判の罪で捕縛されたが、牢屋の火災で脱獄。

高野　長英

▼**高島秋帆（たかしま・しゅうはん）**
（一七九八〜一八六六）
幕末の兵学者、日本近代砲術の祖。長崎の町年寄兼鉄砲方。蘭学・兵学を修め、オランダ人について水技・砲術を研究。講武所砲術師範役・武具奉行格に進み兵制改革を建言した。

▼**入牢（にゅうろう）**
牢屋に入ること。入獄。

▼**自訴（じそ）**
自ら自分の罪を訴え出ること。自首すること。

大村　益次郎

一八四〇年（天保《てんぽう》十一）、俊斎は四年間の勉学を終えて江戸に帰り、良仙の長女を妻に迎え、神田下谷《したや》に洋医師として開業した。日本で初めての本格的な外科手術を取り入れ、技術も優れていたので蘭方医としての評判が高まった。

開業から数年後、幕府批判で入牢していた高野長英が、牢屋敷《ろうやしき》の火災で脱獄《だつごく》し、俊斎宅へ逃げ込んで来た。俊斎は高野に自訴するよう勧《すす》めたが、高野はこれに応じなかった。正義感の強い俊斎だったが、友人の高野のために自分の衣類を与え、逃亡を手助けしてしまう。しかし、このことが発覚してしまい、俊斎は五十日間の閉門を命じられた。

後のことになるが、四国宇和島藩で洋式兵学を教えていた大村益次郎が俊斎の屋敷に寄寓し、俊斎は半年ほど直々に大村から洋式兵学を学んでいた。そのわずか十二年後に勃発した戊辰戦争で、大村は新政府軍を指揮して奥羽に討ち入った。歴史の奇縁を感じる出来事である。寿

天然痘に対処「種痘所」開設

この頃、江戸では毎年のように天然痘が流行していた。天然痘に罹《かか》ってしま

▼大村益次郎（おおむら・ますじろう）（一八二五〜一八六九）
陸軍の創始者。周防（山口県）出身。尾形洪庵に蘭学・医学を学ぶ。長州藩の軍事指導者として戊辰戦争で活躍した。

▼寄寓（きぐう）
他人の家に身を寄せること。仮の住まい。

▼戊辰戦争（ぼしんせんそう）
明治維新期に討幕派と幕府派との一連の戦い。一八六九年（明治二）に箱館戦争で五稜郭が開城され、立てこもっていた榎本武楊らが降伏したことで終結した。

▼漢方（かんぽう）
中国から伝来した医術。

大槻俊斎生誕地の赤井地区に建つ記念碑

うと、高熱とともに体中に吹き出物が出て、命を落とすことも珍しくない怖い病である。運よく命が助かったとしても、顔などにひどい痘痕《とうこん》が出来てしまう。この病気の本格的な治療は、江戸ではまだ行われていなかったため、人々はどうすることも出来なかった。

既に外国では、天然痘を予防するための「種痘」という方法が発見されていた。その後、長崎で俊斎と一緒に蘭学を学んでいた尾形洪庵によって、まず大坂でこの治療法が行われるようになり、多くの人の命が救われていた。俊斎は、この治療法を知っていながら江戸の人々を救えないもどかしさを感じていた。

当時の江戸幕府は、漢方医療を重視していた。そのため、オランダを通じて伝わってきた蘭方医療は、外科と眼科しか許されていなかった。俊斎は、そうした現状を変え、何とかいい方向に持っていきたいという思いから、長崎で学んだ伊東玄朴を訪ねた。江戸の人々を救いたい、江戸に種痘を行なう施設を造りたいという思いを玄朴に伝えたところ、玄朴も同じ思いを持っており、二人は夜を徹して語り合った。治療が出来るようにするための打開策はあるのか、それを実現するためには今何をすべきなのか……。気が付くとすっかり夜が明けていた。俊斎の迷いは消え、晴れ晴れとした表情に変わっていた。

一八五八年（安政《あんせい》五）、江戸で大流行中の天然痘に対処するため、伊東玄朴ら優れた蘭方医と種痘所の設置について相談。俊斎が責任者となって幕府から許可を得て、市中の蘭方医八十二人が総額五百八十両もの資金を出し合い、神田お玉ヶ池に日本初の私設「種痘所」を開設した。種痘・診療・鑑定の三部局を設け、日を定めて多くの市民に牛痘接種を献身的に行なった。これを見て幕府は重い腰を上げ、ようやく種痘の効果を認め、市中の人々に接種を受けるよう呼びかけた。

日本医学界の発展に貢献

一八六〇年（万延《まんえん》元）、幕府は種痘の効果を認めて私設だった種痘所を買い上げ、幕府直轄の官立「お玉ヶ池種痘所」とした。翌年には「西洋医学所」と改称。初代所長に就任した俊斎は、種痘と医療教育に解剖を加えた三科に再編し、西洋医学を教授・研究する機関として、その後の国の中心となるよう体制を整えた。とりわけ人体解剖《じんたいかいぼう》は当時にあって驚異的なことで、俊斎の「先見の明」があったからこそ、である。幕府の最高学府創設の功により、俊斎は将軍の侍医である「蘭

▼伊東玄朴（いとう・げんぼく）（一八〇一～一八七一）
江戸末期から明治にかけての蘭方医。近代医学の祖で、官医界における蘭方の地位を確立した。オランダ商館長の江戸参府にシーボルトが随行する際、一緒に江戸に向かい、そのまま江戸に留まる。シーボルト事件では連座を免れた。

▼侍医（じい）
宮内庁侍従職に属し、天皇や皇族の診療をする医師。

大槻俊斎の像（東松島市保健センター）

▼奥医師（おくいし）
江戸幕府に仕え、将軍や奥向きの者の診察に当たった医官。近習医師。御側医師。

▼頭取（とおどり）
銀行や組織の長。取締役の首席。首領。頭目。

科奥医師」となり、徳川家茂《いえもち》から直々に衣一衣と銀を賜《たまわ》った。幕府は蘭医学に抜群の力量と人望を備えていた俊斎に、西洋医学に関連することを全て任せた。終始謙虚《けんきょ》で後輩友人の面倒をよくみて、西洋医学を目指す後継者の育成に努めていた俊斎だったが、胃がんに悩み、惜《お》しくも一八六二年（文久《ぶんきゅう》二）四月、五七歳の生涯を終えた。明治維新のわずか五年前のことであった。

大槻俊斎亡き後、医学所の二代目頭取に緒方洪庵、三代目頭取には松本良順が就任した。因《ちな》みに俊斎の息子の玄俊は、緒方洪庵の娘喜代と結婚している。戊辰《ぼしん》戦争《せんそう》で榎本武揚軍の軍医となり、箱館《はこだて》戦争にも従軍した。

俊斎は、牛痘普及の恩人であると共に、「種痘所」の蘭方医学の普及に尽くした役割は大きい。「種痘所」は、後に「東京大学医学部」に発展して、医学界の発展に貢献した。東北弁でなかなか言葉が通じず、苦学力行し、周りの人々から支えられ、ついには近代医学への礎《いしずえ》をつくり、多くの人命を救った俊斎。蘭方医の頂点に立っても、生涯、医の道と常に真剣勝負であったからこそと思えるのである。（「りらく」二〇二〇年一〇月号　木村紀夫氏　参照）

▼尾形洪庵（おがた・こうあん）（一八一〇～一八六三）
江戸後期の武士（足守藩士）・医師・蘭学者。大坂に適塾（大阪大学の前身）を開き、人材育成に務めた。天然痘治療に貢献。日本近代医学の祖と言われる。

緒方　洪庵

▼松本良順（まつもと・りょうじゅん）（一八三二～一九〇七）
幕末から明治期の医師（御典医・軍医）。政治家、西洋医学研究所頭取、大日本帝国陸軍軍医総監（初代）。

▼榎本武揚（えのもと・たけあき）（一八三六～一九〇八）
政治家。江戸生まれの幕臣。オランダに留学し帰国後は将軍副総裁。戊辰戦争で箱館五稜郭にて新政府軍に抗したが降伏。のち、駐露公使としてロシアと樺太・千島列島交換条約を結ぶ。

15 高山 開治郎（たかやま・かいじろう）

高山　開治郎

白石川堤「一目千本桜」を植樹

「日本さくら名所100選」にも選ばれた大河原・柴田両町の白石川堤沿い約八キロに連なる約千二百本の桜並木「一目千本桜」。

桜の苗木を植樹した高山開治郎（たかやま・かいじろう）は、一八七八年（明治九）四月、江戸時代から続く由緒ある旅館の六人きょうだいの長男として大河原の地に生まれた。しかし、開治郎が十五歳の時、父親が急逝し、家業の旅館も廃業しなければならなくなった。まだ若かった開治郎は、残された五人の弟や妹を支えるために、すぐに東京に出稼《でかせ》ぎに出るしかなかった。

それまで何不自由なく暮らしていた開治郎にとって、身寄りもなく朝から晩まで住み込みで下働きする日々は、とても辛く厳しいものだった。幾度となく

白石川堤の桜並木

▼苗木（なえぎ）　移植するために育てた若木。樹木の苗。

郷里の宮城に帰ることを夢見た。幼なじみの笑顔や生まれ育った大河原の町並み、残雪を抱いた雄大な蔵王連峰、清らかな流れの白石川。いつも思い浮かぶのは、郷里の景色だった。

（みんなはどうしているんだろうか…）

しかし、当時は東京から大河原に帰るのは、蒸気機関車を乗り継いでも二日がかりの長旅だった。往復だけで四日。そんな休みなど取れるわけもない。ちなみに東北本線の大河原駅が開業したのは、一八八七年（明治二〇）十二月である。何よりも、高額な切符代を払う余裕が開治郎にあるはずもなかった。

（いつか必ず胸を張って郷里に帰るぞ。それまでの辛抱だ）

開治郎は、来る日も来る日も懸命に働き、商売の仕方を身につけた。店の仕事が終わると、寝る時間を惜しんで勉学に励んだ。そして苦難の末に会社を起こし、成功を収めるのである。

故郷を離れて三十数年　実業家として成功

そのころ、東北地方はたびたび冷害や水害に襲われ、コメをはじめ農作物の

▼大河原（おおがわら）
宮城県南部、阿武隈川の支流、白石川沿いの町。かつては奥州街道の宿場町として発展。県南地方の行政の中心。人口は二万三千八百十人（二〇二二年七月末）。

▼白石川（しろいしがわ）
宮城県南部を流れる一級河川。阿武隈川水系の支流の一つ。流域の大河原町から柴田町にかけて続く桜並木は「一目千本桜」として有名。桜の木は実際には千二百本に上る。

▼蔵王連峰（ざおうれんぽう）
山形・宮城両県にまたがる火山群の総称。山頂には蔵王権現がある。冬季には針葉樹のアオモリトドマツに吹き付ける風雪が固まった樹氷で有名。スノーモンスターとも呼ばれる。宮城側にある火口湖のお釜は神秘的なエメラルドグリーンの水を湛えている。スキー場もあり、国内有数のウインタースポーツのメッカとなっている。

▼蒸気機関車（じょうききかんしゃ）
鉄道車両の原動機として、主に石炭を燃やして水を熱し、発生した高熱の蒸気で内燃機関を動かす鉄道車

収穫に多大な影響が出ていた。農民は特にコメの不作に悩まされ、庶民は米価の高騰で主食のコメが買えないという非常事態が起きていた。仙台や福島では、いわゆる「米騒動」と言われる暴動が頻発《ひんぱつ》した。新聞や手紙で伝え聞くそれらの知らせに、開治郎は自分ではどうすることも出来ず、もどかしさが募るばかりだった。

（東京でこんな暮らしをしているのに…。何か自分に出来ることはないか）

開治郎は日々の忙しさに追われながらも、郷里の人々の暮らしがつても気がかりだった。大河原を離れること三十数年。東京での開治郎は、新聞社を始めたり、画商をしたりと、手広く事業を進め、立派な実業家として広く知られるようになっていた。

しかし、いつも心は宮城に、大河原にあった。ひとり郷里の方向の北の空をじっと見つめるのだった。

そんな時、以前から進められていた白石川の改修工事が完成するという知らせが開治郎に届いた。それまでの白石川は、たびたび氾濫し、そのたびに田畑

両。一八〇四年に英国ウェールズを走ったのが始まりとされ、日本には一八七二年（明治五）に新橋～横浜間で英国製の蒸気機関車が走ったのが最初。

▼冷害（れいがい）

夏季に日照不足やヤマセなどによって寒冷な気候が続くことにより、農作物が不作になること。特に東北地方では寒冷な海風が吹き込みやすい太平洋側でヤマセが多い。

▼米騒動（こめそうどう）

米の値段が高くなり、主食の米が買えなくなって生活に困窮した人々が、米の値段を安くするよう要求して米屋などを襲った事件。江戸時代にも度々発生したが、近代日本での米騒動は、一九一八年（大正七）に富山県で起きたのを皮切りに全国に波及した米騒動を指す。

▼暴動（ぼうどう）

徒党を組んで騒動を起こすこと。暴動に参加する人々は暴徒と呼ぶ。

▼画商（がしょう）

絵を売り買いする商人。ギャラリーに常設で絵画を展示して販売したり、期間を決めて展示・販売するスタイルもある。

は流され、家々も大きな被害を受けていたが、六年間にわたる大工事の末、川幅は広げられ、堤防が築かれ、水害の心配がなくなったのだった。

（今こそ恩返しをする時だ。何かもっと心に残るものを、皆がずっと喜んでくれるものを贈りたい…）

大河原から船岡まで続く桜並木実現

開治郎が住んでいた東京の屋敷の近くには、とても見事な桜並木があり、地域の人々の憩いの場になっていた。花見の季節には多くの人々が行き交い、笑顔で満ち溢《あふ》れていた。夏は強い日差しを遮《さえぎ》り、日陰で涼しさを楽しむことも出来た。人々の暮らしの中にはいつも桜並木があった。

（これだ！　今自分に出来ることは！）

開治郎は、目の前がパッと明るくなったような気がした。

一九二三年（大正十二）、四十七歳になった開治郎は、白石川沿《ぞ》いに延々と続く桜並木を夢見て、七百本の苗木を郷里におくることにした。東京から二人の

▼実業家（じつぎょうか）
会社などを設立して経営する人。事業家。

▼氾濫（はんらん）
大雨などで河川の水が堤防を越えたり、堤防が壊れて水があふれだすこと。

▼恩返し（おんがえし）
受けた恩に報いること。

▼船岡（ふなおか）
昭和三十一年まで宮城県柴田郡にあった町。槻木（つきのき）町と合併して現在の柴田町の一部になった。柴田町の人口は三万七千人を超え、宮城県南では白石市や角田市の人口を上回っている。隣接する大河原町との合併構想が度々持ち上がっているが、平成の大合併でも実現しなかった。東北本線の船岡駅と槻木駅がある。

▼東京の屋敷（やしき）
東京・滝野川区（現在の東京都北区）にあった。区内の飛鳥山（あすかやま）公園は、八代将軍吉宗が桜を植えて以来、花見の名所として有名。六百本の桜の木が植えられており、江戸っ子たちが花見を楽しんだ。

植木職人を引き連れ、地元の職人たちと一緒に、現在の大河原町から柴田町船岡までの白石川沿いに植樹を行なった。そして、桜の苗木が根付いたのを確かめて、一九二七年（昭和二）にも、さらに五百本の苗木を植樹した。その時には地元の宮城県柴田農林学校（現・宮城県立柴田高校）の生徒も一緒に奉仕作業として植林を手伝った。

開治郎は、一生懸命桜の若木を植樹する生徒たちを見つめた。こうして、郷里を思う一心で、合計千二百本もの桜の苗木が白石川沿いに根付いた。当時の金額で約四千円（今の金額だと八千万円から一億円弱相当）を町のために差し出したことになる。その栄誉《えいよ》を称《たた》えて、白石川の畔《ほとり》に「桜樹碑」が建てられた。

一九四二年（昭和十七）、開治郎は享年六十七歳でこの世を去った。その後、日本は第二次大戦に敗れ、世の中は混乱し、人々は貧しさに苦しんでいた。しかし、誰もが郷里の復興のために立ち直り、日本は見事な戦後復興と驚異的な発展を実現する。白石川沿いの桜は、「一目千本桜」として全国区の知名度を誇るようになり、毎年咲き続け、人々に希望と笑顔を与えたのである。

▼桜樹碑（おうじゅひ）
大河原町が白石川堤防に桜の木を植樹した高山開治郎の功績に対し、その栄誉を称えて建てた記念碑。

建立された桜樹碑

▼一目千本桜（ひとめせんぼんざくら）
白石川の両岸に延々と続く桜並木は全国でも指折りの規模を誇り、この名がついた。白石川堤防に植えられた桜の品種は、ほとんどがソメイヨシノで、シロヤマザクラが一割ほど含まれる。ソメイヨシノは病害虫に弱く、テングス病などにかかると花付きが悪くなるため、枝の伐採など定期的な手入れが必要となる。地元の高校生らによる枝の伐採が伝統的に行われている。

白石川堤の桜並木（柴田・大河原町）

▼船岡城址公園（ふなおかじょうしこうえん）
明治維新まで柴田氏が居城していた城跡。柴田町船岡の白石川沿いの標高一三六㍍の山城で、三の丸に残る土塁や古井戸が往時の面影を伝える。四季折々の花が咲き、桜の季節には一目千本桜と残雪の蔵王連峰が望める。

サイクリングロード「おおがわら桜ライン」

春には、白石川の輝く水面と、その向こうにそびえる残雪の蔵王《ざおう》をバックに、一目千本桜が咲き誇る。その光景を前に、カメラのシャッターを切る音があちこちから聞こえてくる。白石川沿いを走る東北本線の列車も、〝特別サービス〟で徐行運転で通過する。粋《いき》な計らいではないだろうか。

船岡城址公園の桜も見事だ。柴田町を一望できるこの公園は、仙台藩のお家騒動、寛文《かんぶん》事件（伊達騒動）による変転を経ながらも、明治維新まで柴田氏が居住していた城跡である。

白石川の右岸堤防に二〇二二年（令和四）三月、サイクリングロード「おおがわら桜ライン」が整備された。起点となる大河原大橋から上流に向かって自転車に乗れば、途中、金ヶ瀬さくら大橋をくぐり、東北本線の神谷踏切に至る全長二・七キロのコースだ。高低差がなく、初心者でも気軽に楽しめる。

大河原大橋のたもとには、一目千本桜を寄付した高山開治郎の記念碑が建っている。

あとがき

自宅の書棚に、二十五年前（平成十年）に刊行した『東北ハウジング・アカデミー15年記念誌』（学院長）がある。表題に「盛年不重来」とある。これは長年、私の〝座右《ざゆう》の銘《めい》〟として心に秘めていた言葉である。元々、中国東晋の詩人、陶淵明《とうえんめい》の詩集から引用したものだ。

盛年《せいねん》　重《かさ》ねて来《き》たらず
一日《いちじつ》　再《ふた》び晨《あした》なり難《がた》し
時《とき》に及《およ》んで　当《まえ》に勉励《べんれい》すべし
歳月《さいげつ》は　人《ひと》を待《ま》たず

この漢詩の解釈は、「若く元気な年は二度とこないのだ。一日のうちに二度、朝が来ないように。だからよい時を逃さずに存分に務めるべきなのだ。歳月は、我々を待っていてはくれない」というものである。

私の尊敬する小林一三翁《いちぞう》（明治六年生まれ）の旧宅（大阪府池田市）を参観（平成三十一年）

した時、応接間に小林翁が書いた〝盛年重ねて来たらず…〟の色紙が飾ってあるのを見て、深く感銘を受けたことを覚えている。小林翁は、阪急電鉄創始、阪急百貨店、東宝を経営、また宝塚少女歌劇を創始、そして近衛内閣の商工相をも務めた関西の雄である。百五十年前の人が、自分と同じ言葉を座右の銘として抱いていたことを知り、今でも驚いている。

八十七歳になった今、私の今後の座右の銘として、これまでとは少々違った言葉を考えている。それは「いい加減《かげん》」である。「いい加減」という言葉は、一般的には「いい加減なやつだ」とか、「いい加減に仕事をしている」とか言うように、文字通り、マイナスの意味で使われることが多いように思う。「いい加減」を「善《い》い加減」に……である。

その一方で、「遊ぶのもいい加減にしろ」とか、「夫婦喧嘩《げんか》はいい加減に止めなさい」と言うように、〝ほどほどにする〟という意味で用いられることも少なくない。こちらの方が、本来の意味に近いと言えよう。

つまり、「いい加減」とは、本来の意味に加えたり、減らしたりして「ちょうどいい所を探す」ということであり、毎日の生活の中でも、片時も忘れてはならない大変重要な言葉のはずである。料理では、塩加減、糖加減、辛味加減など、上手く加減しなければ、まずくて食べられないということになる。

天台宗の僧侶・荒了寛《あらりょうかん》の「心の日めくり」は、「花は中開きがいい。酒はほろ酔いがいい。人はうす味がいい」と書いている。この意味がよく解《わか》る年齢になったということであろう。〝温故知新《おんこちしん》〟、過去を知ることが、生きるための第一歩である。この『仙台領に生きる郷土の偉人傳 Ⅲ』が、人生の教訓となることを願う。

本書を出版するに当たって、前書と同じように「見やすく」「読みやすく」「分かりやすく」、つまり、〝三やすく〟をモットーとした。仙台市博物館、河北新報社など、公共・個人を含め多くの資料・写真等を参考にさせていただき、改めて感謝申し上げる次第である。編集に当たっては、本の森の大内悦男氏に大変お世話になりました。感謝申し上げます。ありがとうございました。

令和五年一月

古田　義弘

参考文献

「仙台市史」近世1　仙台市史編纂委員会　仙台市　平成13年
「仙台市史」近世2　同　平成15年
「仙台市史」近世3　同　平成16年
「仙台市史」近代1　同　平成13年
「宮城県史」宮城県　昭和41年
「宮城県百科事典」河北新報社
「仙台藩歴史用語辞典」仙台郷土研究会　平成22年
「仙台藩歴史事典」改訂版　同　平成24年
「仙台市史」地域編　仙台市史編纂委員会　平成26年
「石巻市史」石巻市　昭和43年
「石巻の歴史」石巻市　平成10年
「江刺市史」江刺市　昭和60年
郷土史事典「宮城県」佐々久　昌平社　昭和57年
「みやぎの先人集」宮城県教育委員会　未来の架け橋　平成25年
「りらく」（一力健治郎）木村紀夫　株プランニングオフィス　令和3年
「一関地方ゆかりの人物事典」NPO法人一関文化会議所　平成15年
「むかしのまんま　むかしのまんま」笹氣出版印刷　平成31年
「仙台藩の和算」佐藤賢一　国宝大崎八幡宮　仙台・江戸学叢書　平成26年
「一関市史」和算への招待　一関市　平成2年
「歴史研究」渡邊洋一　戎光祥出版　令和4年
「宮城の郷土史談」三原良吉　宝文堂　昭和50年
「河北新報」先人の足跡（毛利総七郎）令和4年2月11日
「仙台郷土研究」東日本大震災特集　成田暢　仙台郷土研究会編　令和4年
「河北新報」相撲　菅野正道　令和4年11月13日
「宮城県歴史探訪」ウォーキング　仙台歴史探検倶楽部　メイツ出版　平成22年
「仙台藩ものがたり」河北新報編集局編　河北新報社　平成14年
「せんだい歴史の窓」菅野正道　河北新報出版センター　平成23年
「110年のあゆみ」カメイ創業110周年　カメイ㈱　平成26年
「仙台城ポケットガイド」仙台市博物館記念事業実行委員会　仙台市博物館
「伊達の国の物語」菅野正道　株プレスアート　平成21年
「りらく」大槻俊斎　木村紀夫　㈱プレスアート　令和2年
「りらく」坂英力　木村紀夫　㈱プレスアート
「鎌田三之助―品井沼干拓と村づくりの一歩―」鹿島台歴史研究会編　令和4年
「岩手県年鑑」岩手日報社　昭和2～平成21年（毎年1刊）
「仙台藩の戊辰戦争―幕末維新の人物録―」木村紀夫　平成30年
「宮城県の歴史」高橋富雄　山川出版社　昭和44年
「あなたの知らない宮城県の歴史」山本博文（監修）洋泉社　昭和25年
「仙台藩帰らざる戦士たち」星亮一　教育書籍㈱
「東北都市事典」東北都市学会編　長谷川進　平成16年
「岩手百科事典」岩手放送岩手百科事典発行本部　岩手放送　昭和53年
「未来の架け橋」第二集　宮城県教育委員会編　宮城県教育委員会　平成30年
「奥羽戊辰事変真相ヲ解明セル坂英力伝」坂琢治・坂英毅
「医者屋にならず」坂総合病院
「河北新報」坂定義　令和2年8月
「えさしルネッサンス館メモリアル　小牧正英」えさし郷土文化館　平成20年

古田 義弘（ふるた・よしひろ）

郷土史研究家。
◎1936年1月、岩手県一関市千厩町生まれ。岩手県立一関第一高校卒。日本大学芸術学部中退。法政大学社会学部卒。東北大学教育学部・同工学部（都市計画）研究生修了。
◎元東北福祉大学教授。元（株）フルタプランニング社長。住宅問題評論家。仙台郷土研究会員。歴史研究会員。元修紅短期大学（一関市）非常勤講師。元東北都市学会顧問。「政宗ワールド」プロジェクト元理事長。仙台藩茶道石州流清水派道門会顧問。岩手県立一関一高同窓会仙台支部顧問。
◎主な元委員 ／ 宮城県地価調査委員会委員（25年間）。宮城県の住宅の現状と将来に関する調査委員会委員。宮城県宅地需給等計画策定委員会委員。仙台市都市計画基本計画検討委員副委員長。仙台市市営住宅新家賃検討委員会委員。㈶みやぎ建築総合センター「21世紀型地域創生プログラム」特別委員会委員。宮城県住宅供給公社嘱託顧問 。社会保険労務士。行政書士。宅地建物取引士 他。
◎テレビ ／ NHK出演（田中内閣副総理兼大蔵大臣（愛知揆一氏）と土地問題でTV出演対談。仙台放送（12年間）・東日本放送（13年間）住宅番組のレギュラー企画出演。・岩手放送・山形放送等にもレギュラー出演。
◎ラジオ ／ 東北放送（35年間）・ラジオ福島（33年間）・岩手放送（24年間）・山形放送（12年間）等にもレギュラー企画出演。
◎著書 ／『仙台城下の町名由来と町割』『仙台八街道界隈の今昔』『仙台城下 わたしの記憶遺産』『現代に生きる歴史上の人』『仙台市史』（現代2 共著）『宮城県百科事典』（共著 河北新報社）『現代マイホーム考』『居は気を移す』『家は人を創る』『意識（こころ）はあなたを変える』『仙台圏 分譲地と住宅の案内』（年一回発行 40版）『伊達な文化の伝承と記憶』『仙台領に生きる郷土の偉人傳 Ⅰ』『仙台領に生きる郷土の偉人傳 Ⅱ』『仙台領に生きる郷土の偉人傳 Ⅲ』等。

仙台領に生きる　郷土の偉人傳 IIII

2023年1月 10日　初版発行

編著者　古田 義弘
発行者　大内 悦男
発行所　本の森
仙台市若林区新寺一丁目5－26－305（〒984-0051）
電話&ファクス 022（293）1303
Email　forest1526@nifty.com
URL　http://honnomori-sendai.cool.coocan.jp

表紙・イラスト　古田 義弘

印 刷　共生福祉会　萩の郷福祉工場

定価は表紙に表示しています。落丁・乱丁本はお取替え致します。

ISBN978-4-910399-07-2

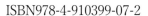

◆古田義弘の本◆

明治・大正・昭和の人
仙台領に生きる郷土の偉人傳 I
（2020 年４月　初版発行）

1．　八木久兵衛（仙台市）
2．　富田鉄之助（東松島市）
3．　熊谷伊助（一関市）
4．　後藤新平（奥州市）
5．　斎藤善右衛門（石巻市）
6．　斎藤実（奥州市）
7．　高橋是清（東京・仙台市）
8．　大槻文彦（一関市）
9．　栗野健次郎（一関市）
10.　米内光政（盛岡市）

■定価：仙台領に生きる郷土の偉人傳シリーズ各 880 円、仙台城下シリーズ各 1650 円（税込）

仙台領に生きる郷土の偉人傳 II
（2021 年４月　初版発行　２刷）

1.　千嘉代子（仙台市）
2.　井上成美（仙台市）
3.　高平小五郎（一関市）
4.　相馬黒光（仙台市）
5.　土井晩翠（仙台市）
6.　吉野作造（大崎市）
7.　林子平（仙台市）
8.　大槻盤渓（一関市）
9.　支倉常長（仙台市）
10.　若宮丸漂流民（石巻市他）
11.　玉蟲左太夫（仙台市）
12.　フランク安田（石巻市）
13.　及川甚三郎（登米市）
14.　牧野富三郎（石巻市）
15.　横尾東作（加美町）

仙台領に生きる郷土の偉人傳 III
（2022 年２月　初版発行）

1．　伊澤平左衛門（仙台市）
2．　建部清庵（一関市）
3．　芦東山（一関市）
4．　川村孫兵衛（山口・仙台市）
5．　大槻平泉（一関市）
6．　志賀清（仙台市）
7．　佐藤基（角田市）
8．　千葉卓三郎（栗原市）
9．　大泉淑子（仙台市）
10.　佐藤忠良（大和町）
11.　原阿佐緒（大和町）
12.　井上ひさし（山形・仙台市）
13.　宮城新昌（沖縄・石巻市）
14.　後藤桃水（東松島市）
15.　石ノ森章太郎（登米市）

仙台城下の町名由来と町割
（2013 年６月　初版発行　４刷）

続・仙台城下の町名由来と町割
仙台八街道界隈の今昔
（2014 年 10 月　初版発行）

仙台城下 わたしの記憶遺産
（2016 年３月　初版発行）